福島からの手紙

十二年後の原発災害

関 礼子［編］

新泉社

はじめに――十二年後の福島では

世界が眠ると
言葉が目をさます
（寺山修司「事物のフォークロア」）

「桜を見た記憶がないんだよ」

あの年の春はどこへいったのかと、着の身着のままで避難した人が振り返った。

「放射能が入らないように、ガムテープで目張りしたんです」

言い知れぬ不安を抱きながら自宅に留まった人が、窓枠に残ったガムテープの跡を指さした。

福島第一原子力発電所が相次いで爆発し、不安と恐怖に震えたあの日、あの時から、誰にも等しく十二年余が過ぎた。至るところで見られた「絆」「がんばっぺ、ふくしま」などの言葉は、いつしか「復興」「再生」という力強い言葉に置き換わっていた。まだ帰還困難区域は残るものの、原発事故被災地でも、福島原発事故は〝想起される出来事〟へと近づいているように見えるかもしれない。日常は、強いストレスをもたらす出来事の忘却を促しながら、時計の針を進めていくように見える。だが、それぞれの場所で、それぞれが経験した原発事故は、心の奥深くに刻み込まれて、忘却を許してくれない。

「目が覚めると、天井の色が違うことにはっとして、あぁ、避難しているんだなぁって」

仮設住宅にいた女性が、言葉にそぐわない笑顔で語った。

「怒ってみても誰も聞いてくれない。だったら、笑って語るしかないじゃないですか」

笑顔で泣き、泣きながら笑顔をつくって原発事故を語る人がいた。

福島の人びとは、どのような思いで原発事故後の世界を生きてきたのだろうか。ここに収められた十七通の「福島からの手紙」は、圧倒的なリアリティでそれぞれが経験した原発事故を語っている。あきらめ、憤り、感謝、そして希望。さまざまな想いが交錯する「福島からの手紙」を通して、いま一度、福島原発事故を見つめてみたい。

二〇二三年六月

編　者

目次

カバー表・本扉写真 撮影……金子祥之

＊特記のない写真はすべて新泉社編集部撮影

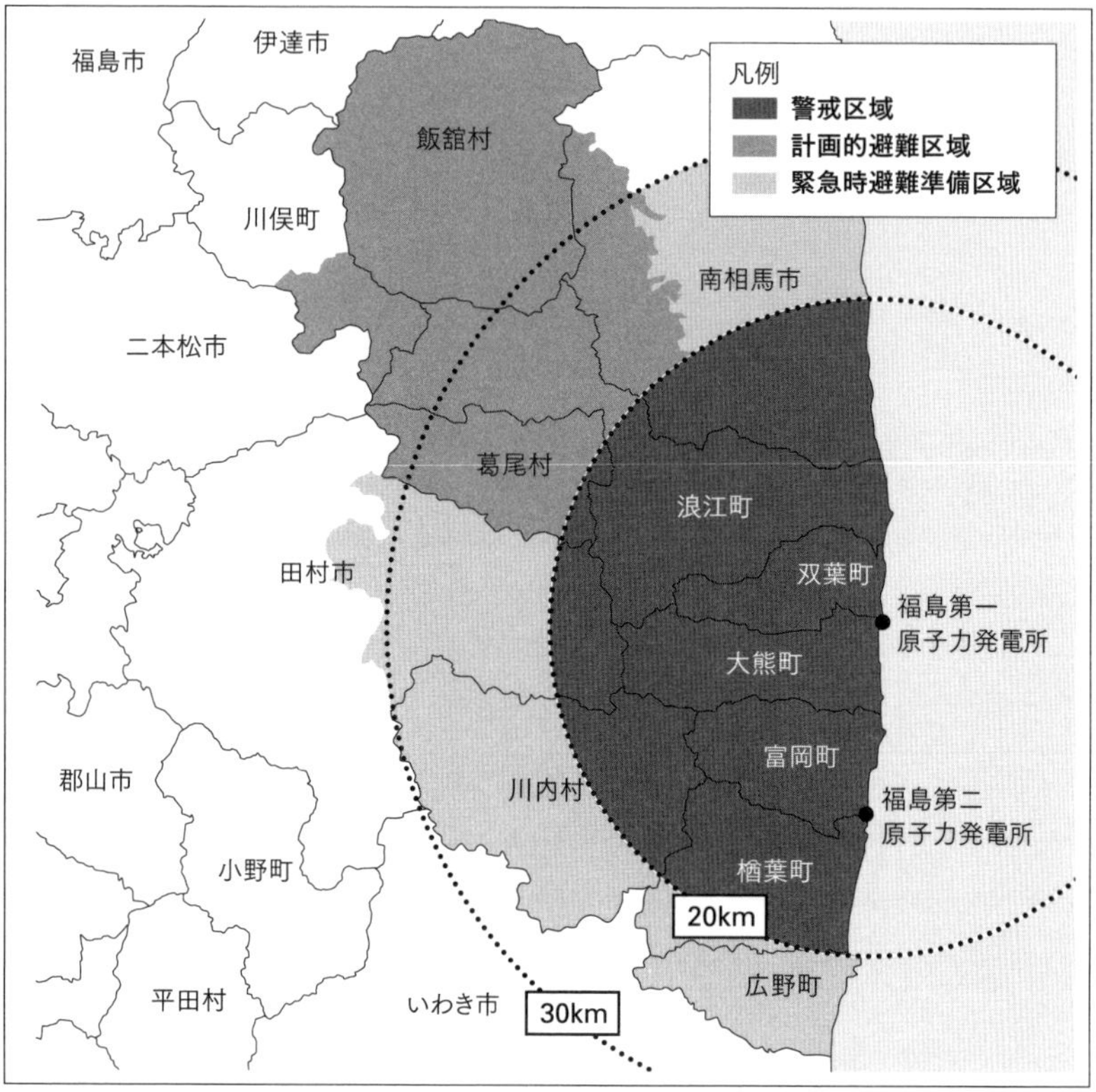

図−1　避難指示区域の状況（2011年4月22日時点）

出所：福島県ウェブサイト「避難区域の変遷について―解説―」をもとに作成.
（http://www.pref.fukushima.lg.jp/site/portal/cat01-more.html）

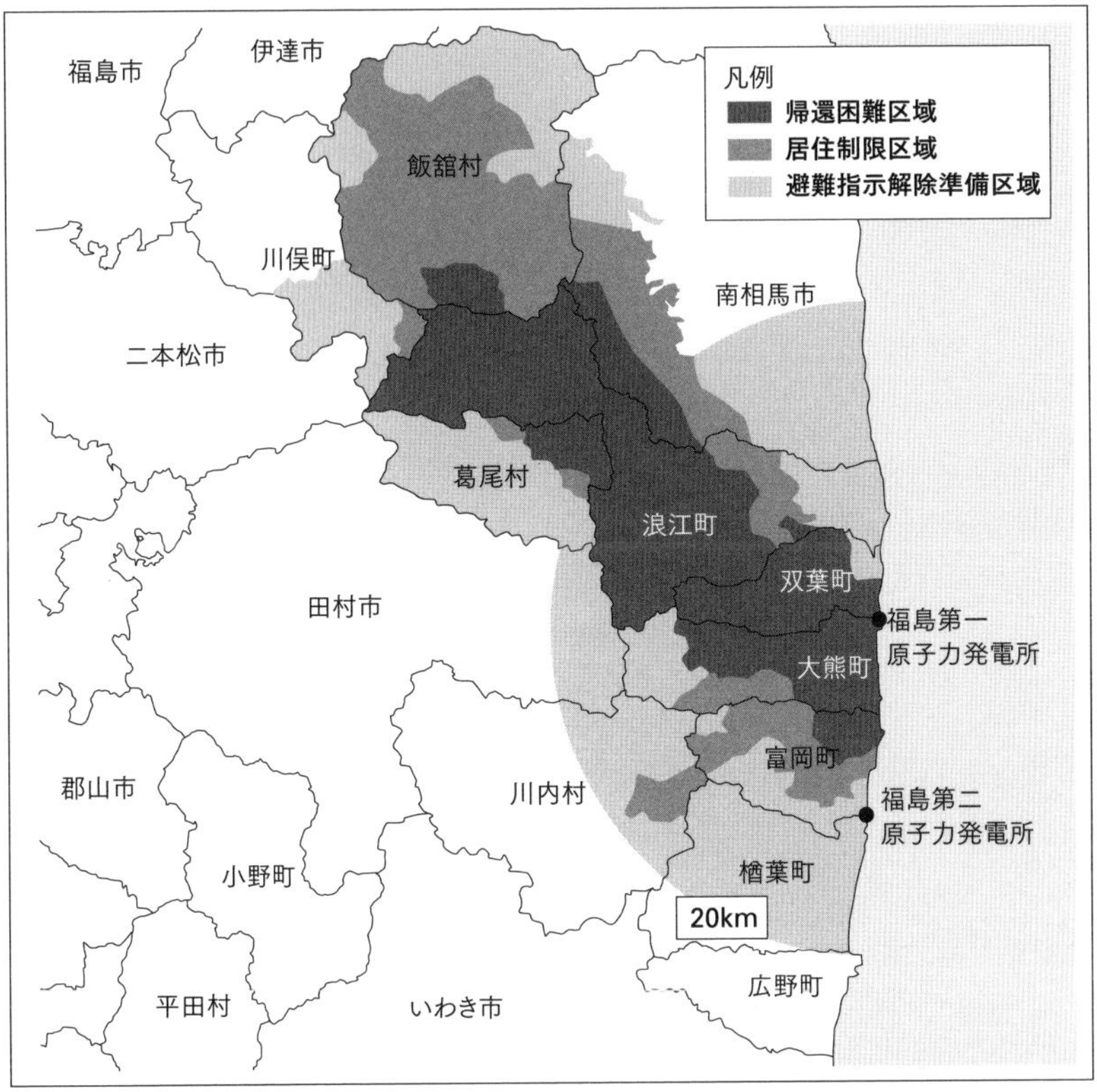

図－2　避難指示区域の再編状況（2013年8月8日時点）

出所：経済産業省ウェブサイト「避難指示区域の概念図」をもとに作成.
（http://www.meti.go.jp/earthquake/nuclear/pdf/130807/130807_01c.pdf）

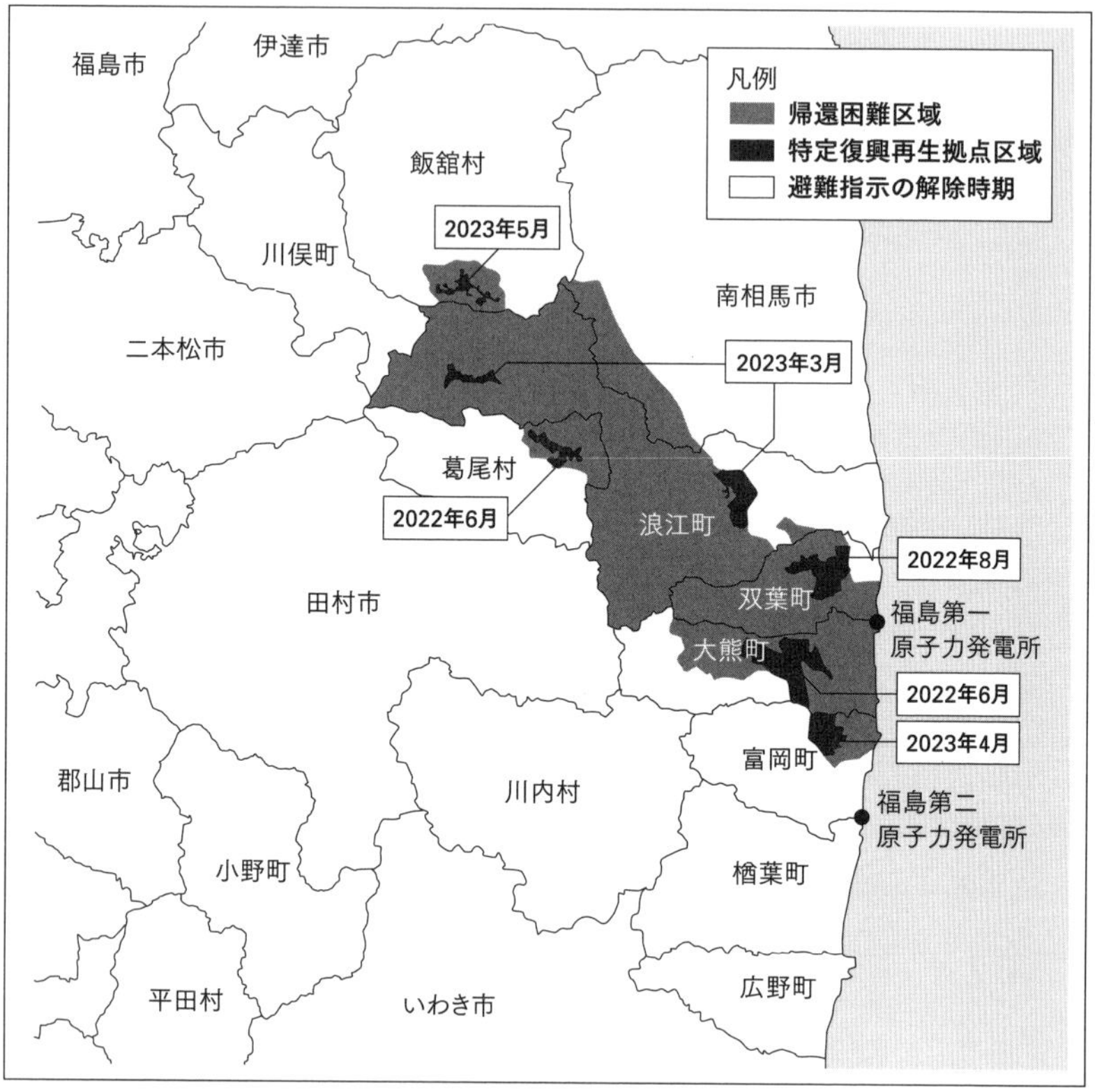

図−3　帰還困難区域内の特定復興再生拠点区域の設定

出所：環境省ウェブサイト「特定復興再生拠点区域」をもとに作成.
(http://josen.env.go.jp/kyoten/index.html)

福島からの手紙——十二年後の原発災害

1 留まる以外の選択肢はほとんどなかった

三月十一日、東日本大震災で二本松市《にほんまつし》は震度六弱を記録。地震による家屋の損壊、道路や公共施設、ライフラインに甚大な被害が生じていた。続いて起こった福島原発事故では、浜通り地域からの避難者を受け入れ、浪江町《なみえまち》の仮役場も置かれた。

避難指示がなかった二本松市でも、農畜産物の出荷制限がかかるなど、市民生活に大きな損害が生じた。その状況は、「二本松市復興計画基本方針（二本松市復興ビジョン）」（二〇一一年十月）が、復興の基本的な取り組みに、①放射性物質の除染、②放射線からの健康管理対策、③賠償、補償の支援を挙げていることからも、うかがい知ることができる。

インフラや避難者を支えたのは自治体だけではない。混乱のなかで、個々人が必死に守ってきた生活インフラがあった。商店はその一つである。

二本松市　服部浩幸《はっとりひろゆき》

震災のときも、震災後も、経営していたスーパーは一日も休まず営業しました。それはいまでも誇らしく思います。

水道は一、二日止まりましたが、幸いなことに電気が止まらなかったので、かろうじて営業ができました。物流は完全に止まってしまったので、一日に一往復、トラックを運転し、二本松市や福島市の市場で売れる物をかき集め、途中、納豆屋、豆腐屋から商品を調達して、小さなスペースに並べて売りました。店の中はほぼ空っぽ。やれるだけのことを必死でやって、必死に売りました。

私の店の周囲、半径約四キロメートルの範囲には食料品を扱う店がありません。うちが店を閉めたら、地域の人が買い物をするところがなくなってしまいます。何がなんでも開け続けなくてはならないという使命感だけで、必死で店を開け続けたのです。

その間、ニュースを見る暇もありませんでした。原発事故のことも、最初は、知りませんでした。人に聞いて「えっ!?」と声が出ましたが、どうしようもありませんでした。ここも原発から四十五～五十キロメートルくらいしか離れていません。あと一歩で、もしかしたら、避難指示が出るかもしれない。万が一の避難に備えて、一日分の売り上げだけはＡＴＭに入れずに手もとに残しておきました。スーパーの二階には宴会場があり、送迎用のマイクロバスを持っていました。バスのガソリンには手をつけずにいました。こういう場所、こういう店なので、逃げるとしても地域の人がいなくなってからという心づもりでした。

物流網が回復するまで二週間はかかりました。それでも品物は揃いませんでした。商売の格好になるなと思ったのは五月の連休明けでしょうか。

じつは、中学一年生、小学校四年生、幼稚園児と、三人の子どもがいましたが、原発事故が起きたときに、避難させてやる余裕もありませんでした。親戚が「子どもだけでも避難させたらいい」と言ってくれましたが、商売に必死だったので余裕がなく、なかばあきらめて、避難させずに生活するという決断をしました。

その後の甲状腺検査では、最初は異常がなかったのですが、二回目の検査で二人の子どもの判定が進んだのを見て苦しい思いをしました。本当に後悔しました。避難させないという判断が間違っていたんじゃないかと思ったし、子どもらには申し訳ないと思っています。いま、大きくなった子どもたちは、幸い問題なく過ごしていますが、将来のことはわからないというのが、一番苦しいのです。誰も責めることはできません。子どもを守ってやれなければ、それは親の責任です。一生ぬぐい去ることができない責任です。

私の住む地域では、母子避難して遠くに行った人もほぼ戻ってきていますし、原発事故前の姿には戻りつつあります。月日が経ち、「いつまでそういう話をしているんだ」という雰囲気になり、表立って話をすることはありませんが、子どもたちに対しては、多くの親たちが心の傷、胸の痛みを持っているのではないでしょうか。

思うに、私たちは、自ら進んで留まることを選んだのではなく、そこに残る以外に選択肢がほとんどなかったのです。土地もある、畑もある、田んぼもある、家もある。たしかに危ないかもしれないですが、避難したとして、収入や生活がどうなるのか。土地や畑を放り出して逃げることができるのか。年寄りもいる。大家族で、いったいどこに避難するのか。

実際に避難しようとして避難できたのは、限られた人にすぎません。みんな留まらざるを得ない。それ以外に現実的な選択肢がなかったのです。

だから、自分が選ばざるを得なかった選択を、町内会や消防団などの集まりで否定してもどうしようもない。心の傷をほじくり返すことはしたくない。「しょうがないね。安全だと言っているんだから、生きていけるはずだよね。われわれはここで頑張って生きるしかない」という心理が働くのは、自然なことだと思います。対外的には「頑張っていますよ」というメッセージを発信していたとしても、です。

私のスーパーは、もともとは旅館で、少しだけ酒や塩などを売っていました。時代とともに物を売るウェイトが大きくなり、平成元（一九八九）年に旅館を廃業してからは、スーパー一本でやってきました。

しかし、震災・原発事故を経験したからこそ、「この地域から食料を買える店をなくしてはいけない」という使命感を持てるようになりました。やっぱり、地域に食べ物を提供する店は必要だと実感しましたし、みなさんにも感謝されました。

いまは、スーパーではなく、コンビニエンスストアに業態変更をしていますが、地域の利便性に貢献したいので、普通のコンビニとは違って、刺身や肉、野菜などの生鮮食品や、手作りのお惣菜も置いています。二十四時間営業のコンビニは、間違いなく地域の利便性を高めたでしょうし、夜でも明かりが灯っている店があることで、安心感を持っていただけているのではないかと思います。

原材料や電気料金が高騰したこの一年は、経営的にも厳しいものがあります。しかし、地域で食べ物を供給するインフラであり続けることに責任をもって、なんとか採算を合わせながら、つらくても商売を続けていくつもりです。


（二〇二三年三月五日）

相双地域から多くの避難者を受け入れた飯坂温泉
（2011年5月，福島市）

2

「福島の子どもたちを守ろう」を合言葉に

伊達《だて》市は震度六弱を記録。家屋が損壊し、道路・公共施設にも被害が生じた。原発事故後に相双《そうそう》地域から避難者が相次ぎ、南相馬市からの避難者五百名の受け入れ要請にも応えた。四月二十二日、伊達市に隣接する飯舘村《いいたてむら》、川俣町《かわまたまち》の山木屋《やまきや》地区が計画的避難区域（年間積算放射線量二十ミリシーベルトに達するおそれがある地域）に指定された。伊達市の一部も同等の状況にあったが、指定からは外された（のちに特定避難勧奨地点が住居単位で設定された）。

伊達市は独自の放射線対策として、小中学校などのグラウンドや校舎、プールの除染を実施した。屋外からの放射性物質を入れないように教室の窓を閉めたままだったため、エアコンも設置した。だが、放射能から子どもの健康を守るための施策に十分ということはない。行政だけに任せておけないと、各地で、民間ボランティアによる保養活動や診療所設置の運動が展開された。

伊達市　渡辺《わたなべ》　馨《かおる》

震災以降、みんな変わりました。私も変わりました。私はいま、ふくしま共同診療所の「建設委員会」の事務局長をしていますが、震災当時は普通にNTTで働いていて、診療所や医療機関には関係ありませんでした。震災翌日の十二日に大熊町《おおくままち》の避難所に臨時電話を設置するため船引町《ふねひきまち》（田村市）に支援に行き、そこで原発が危ないのではないかということを知りました。十四日に（原発作業員が）全員撤退するのではないかという話を聞き、「原発は爆発するんだ」と知ったわけです。大熊町の避難の様子を見たことがきっかけになって、人生が変わりました。

三月二十日、福島市の状況を見に出かけました。何が起きているかつかめていない状態で、電車も高速道路もストップしていました。福島駅前には、避難してきた人がたくさん集まってきていました。国内メディアは一つも来ていないのに、ロシア国営放送とか、海外メディアがたくさん来ていました。浪江町《なみえまち》の人に立ち話程度で話を聞くと、「着の身着のままで来た」。原発は爆発したけれど、福島市や伊達市にまで放射能が降っているということも知らず、子どもたちも外で遊んでいました。

ガイガーカウンターとかが手に入ってきて、徐々に線量が高いことがわかってきました。

「これは伊達も危ないのではないか」

三月二十八日くらいだったでしょうか。ようやく高速バスが動きました。そのときに、長女を東京に避難させました。東京の専門学校に入る予定で、東京にアパートを借りていたので、なんとか避難させたいと送り出しました。自主避難です。四月から中学校三年生になる次女は、「友達もいるし離れたくない」と残りました。

四月、福島の小中学校は、何もなかったかのように始業式をしました。その頃、PTA会長に就任したばかりの私のところに、「なんとかしなくちゃならないんじゃないか」という話が入ってきました。通学路、学校、グラウンドも除染されていないし、子どもたちは長袖長ズボン、マスクで通学しなくてはならない。伊達市の学校長会が仁志田昇司《にしだしょうじ》市長（当時）に訴えたものの、一蹴されたので、PTAから申し入れをしてくれないかという話になりました。そこで、いくつかの小中学校や幼稚園の役員十五名くらいで、申し入れに行きました。

行くと、いきなり地図を広げられて、「福島原発から距離があるし、線量は低いですよ」という説明がありました。

低いといっても、当時は毎時三〜四マイクロシーベルト*ありました。「それはあまりにもひどい」と。幼稚園のお母さんは、「子どもたちは砂の上で遊ぶんですよ、

＊一般の人の年間積算線量として国際放射線防護委員会（ICRP）勧告が示す年間一ミリシーベルト以下にするには、毎時〇・二三マイクロシーベルト以下でなければならない。

除染しなければ通わせられない」と訴えました。申し入れの効果かどうかわからないですが、すぐに幼稚園の除染が始まり、学校の除染も始まりました。エアコンが入ったのは夏休みでした。「伊達市は先にやったんだね」と言われました。ほかの市に比べると早いかもしれませんが、それでも遅いと思いました。

夏が過ぎて、九月十一～十二日に福島県立医科大学で国際専門家会議が開催されました。いろいろな人たちの情報で、これは広島のＡＢＣＣ（原爆傷害調査委員会）の「検査はするが治療はしない」ようなものであると直感し、「子ども福島ネットワーク（子どもたちを放射能から守る福島ネットワーク）」の人たちと医大に抗議に行きました。国際会議のあとに、県内の除染と県民健康調査の実施が決まり、子どもの甲状腺検査も始まりました。伊達市の子どもはほとんどがＡ２判定*でした。

封書で送られた検査結果には、「Ａ２、小さな結節《けっせつ》や嚢胞《のうほう》がありますが、二次検査の必要はありません」と二行しかない。医大の検査はあまりにも信用できない。広島のお医者さんからは、「広島の経験からいっても、国は国民を守らない、自前の病院をつくるほうがいい」と言われました。

福島に子どもたちを守る診療所をつくろう。二〇一一年十二月一日に発信し、診療所をつくるために応援をお願いしました。一年で三千万円以上の基金が集まり、二〇一二年十二月一日に「ふくしま共同診療所」を福島駅の近くにつくりました。内科、放射線科、循環器科、リウマチ科。放射線科があるというのが診療所の特徴

*Ａ１は結節や嚢胞を認めない、Ａ２は五・〇ミリメートル以下の結節や二〇・〇ミリメートル以下の嚢胞を認めない、Ｂは五・一ミリメートル以上の結節や二〇・一ミリメートル以上の嚢胞を認める。Ｃ判定になると二次検査が必要になる。

で、私は二〇一二年から「ふくしま共同診療所と共にあゆむ会」(患者さんたちの集まり)や「福島診療所建設委員」をボランティアでやっています。「福島の子どもたちを守ろう」を合言葉に、有志が集まって診療所を支えています。

次女は、表向きは大して気にしないような感じで高校生活を過ごしました。体のことが心配でしたが、定期的に甲状腺エコー検査を受けてくれましたし、何人かの友達にも検査を受けるように言ってくれました。もっとも、「甲状腺検査は学校で受けるからいいや」という雰囲気で、なかなか学校では診療所での検査は言い出しにくいようでした。自分たちから「原発で被害を受けた」と言わせない雰囲気が学校にはありました。避難したり、保養に出たりする子どもは伊達市にもいましたが、ほとんどは「大丈夫だ」というふうに過ごしていました。

放射能の影響は、五年経っても、十年経っても、「大丈夫」とは言えません。「十年経っているから大丈夫」と言うのは〝復興派〟。私の周りの人がどんどん癌《がん》で亡くなっている状況もあります。単なる病死ではなく、少なからず放射能の影響があるはずだと思っています。「福島県民はみんな被ばくしたんだ、すぐ影響が出る人もあるだろうし、そうでない人もいるだろう」という立場をとることが大事です。広島の「黒い雨裁判*」も、七十五年以上経って、やっと被ばくの被害があると認められました。原告の人は、裁判の意義を、「福島の人のためにこそ」と言ってくれました。あれは感動しました。

＊原爆投下直後に降った「黒い雨」に打たれて被ばくしたと訴えた「黒い雨裁判」で、国は上告を断念。原告全員の被ばくを認める広島高裁判決(二〇二一年七月十四日)が確定した。

この十二年を振り返ると、「これでもか」というくらい福島が分断されていると感じます。福島が一番風化させられていると思います。福島県内では、ほかの県よりも原発のことを言えなかったり、放射能のことを言えなかったりします。「復興」はいいけれども、「放射能」は話せない。「復興に向かいましょう」に引っ張られて、いつまで昔のことを言うんだという雰囲気があります。復興圧力があって、復興事業もいろいろあるけれど、そこに県民はいないんじゃないか。それを、どうやったら、変えられるのか。大きな課題だと思います。

（二〇二三年二月二十日）

3 「チェルノブイリ法日本版」を実現したい

一九八六年のチェルノブイリ（チョルノービリ）原発事故から五年後の一九九一年に、原発事故の被災者や事故対応作業に携わった人びとの権利と利益を守り、社会的な支援を提供するための「チェルノブイリ法」が制定された。この法律はソ連時代につくられ、ソ連崩壊後は、チェルノブイリ原発があるウクライナや汚染地域であるベラルーシ、ロシアに継承されている。

チェルノブイリ法によれば、日本では避難指示区域外となる年間積算線量二十ミリシーベルト以下〜一ミリシーベルト以上の区域は、居住ができないか、居住可能であっても移住の権利が認められている地域である。移住の権利がない一ミリシーベルト以下であっても、何らかの支援を受けることができる。

福島原発事故では、被災者の権利があまりに軽んじられてはいないか——。「楽都《がくと》」（音楽の都）と呼ばれる郡山市で、「チェルノブイリ法日本版」を求めて街頭に立つ人びとがいた。

郡山市　春木正美《はるきまさみ》

福島に来て二十年余り。私の震災への思い、それは原発事故に対する怒りです。いままでも、これからもずっと、この思いは続きます。国が責任を認める日まで。

大阪生まれの私は、転勤族だった父とともに、あちこちに転校しました。長崎、広島に住んだことがあり、さらに長崎での担任の先生が被ばく者だったこともあり、『朝日新聞』の「声」欄を読んでは、原発事故の可能性に「どうなんだろう」と考えてきました。敦賀《つるが》原発*ができた頃から、原発の安全性にも疑問を持っていました。一方で絶対安全、他方で重大事故に至るという、正反対の主張があったからです。

阪神・淡路大震災（一九九五年一月十七日）も経験しました。街にも人にも復興の実感がある阪神・淡路大震災とは違い、福島は原発事故の影響で、なかなか復興の実感がわきません。地震より原発事故の恐ろしさのほうが身に沁みます。

事故前から、仲間は反原発運動にかかわってきましたし、事故後、私もその運動を知り、かかわるようになりました。

＊一九七〇年の大阪万博を「原子の灯」で照らすために、万博の開会にあわせて日本で初めて稼働した商用軽水炉。

でも、私たちの活動は、復興を妨げる活動だといわれます。市民運動はこれまで、有機農業や地産地消を推進してきました。原発事故後に、そうした活動をどう判断すればいいのか。「原発さえなければ」という思いを口にしてはならない、自分の思いを自由に語ってはいけない、そんな雰囲気があります。

お母さん同士で、子どもにお弁当を持たすのかどうか、放射能を気にするかどうか、分断があります。意見が分かれると気まずくなるので、わだかまりなく話せなくなりました。放射能の被害から逃れて郡山に来た人もいれば、郡山を離れて沖縄に行った人もいて、それぞれの人によって意識もまちまちです。折り合いをつけるには、自由に語ってはならないのです。

でも、だからこそ、私は、自分の思いを歌にのせて語っています。人前で話をするとき、「原発いらない金曜行動」で街頭スピーチをするとき、自作の歌を交えてお話しさせていただいています。歌には人を振り返らせる力があります。言葉を心に届ける力があります。

♪私たちの海を守ってほしい。
　切なる願い、国まで届け。世界へ届け。

国は、パブリックコメントで七割近くが反対したトリチウム等のＡＬＰＳ処理水

（汚染水）の海洋放出を決めました。十分な議論もせず、「丁寧に説明」と同じ文言を繰り返しただけで、それは速やかな決定でした。私たちの思いは一顧だにされず、ごみ箱に捨て去られました。いくら訴えても議論にならない。同じ説明を繰り返すだけ。同じ文言を繰り返すばかりで、聞き入れてもらえないどころか、受け止めてももらえませんでした。


♪青い海。青い空。青い地球を守りたい。

　私たちの暮らしに原発はいらない。原発よ、さようなら。


スリーマイル原発事故、チェルノブイリ原発事故。

「みたび許すまじ、原発事故を」

原発に反対してきた私たちの思いでした。


♪だけど原発事故は起こった。放射能、街に飛び散った。

　いま国は責任認め、民を救うべき。

　なのに国は隠した。ひた隠しに隠した。


復興をアピールするには、モニタリングポスト*が目障りだったのか、国はモニタ

＊放射線量を測定するために福島県内各地に設けられた。二〇一九年、約三千台のうち避難十二市町村を除く約二四〇〇台を撤去する方針が示されたが、住民の反対の声が大きく、存続させることになった。

リングポストを撤去しようとしました。「廃炉作業の失敗による被ばくの可能性もあるなかで、あんまりだ」と市民が猛反対したので、これはさすがに、とりあえず中止（延期？）されました。

子ども脱被ばく裁判*もありますが、子どもの甲状腺がんについては「過剰診断の可能性は否定できない」と結論づけ、学校での「同意書」回収も打ち切りました。希望者は検査できるというけれど、煩雑さから、検査を受ける人は大幅に減り、データとしての意味は損なわれるでしょう。

もちろん、デリケートな問題ですから、日常で意識するのはつらい、目をそむけたい、という感覚の方もいらっしゃる。ややもやしながら、ごまかして、忘れようとしています。新聞にも、帰還や復興を持ち上げる記事が目立ちます。そのようななか、国はまた、原発を動かそうとしています。あれだけの事故があったにもかかわらず。

＊子どもたちが被ばくの心配のない環境で教育を受ける権利が保障されていることを確認し（子ども人権裁判）、被ばくを避ける措置を怠って無用な被ばくをさせた責任を問う（親子裁判）裁判。

♪ ふくしま離れる人がいる。ふくしま留まる人もいる。
どんな選択しても尊重されるよう
「チェルノブイリ法日本版」市民の手でつくろう。

「チェルノブイリ法」という法律があります。この法律は原発事故について「被害の補償は国家の責任」と明記しました。私は仲間とともに、この日本版をつくる活動に取り組んでいます。

♪立ち上がれ、つながり合え、声をかぎりに叫べ！
立ち上がれ、つながり合え、子どものために、未来のために、
声よ世界に響け！

（二〇二三年四月九日）

4 「ノーモア・フクシマ」、原発大事故を二度と起こしてはならない

いわき市は福島県浜通り地域の中核都市で、温暖な気候、「常磐《じょうばん》もの」の新鮮な魚介類、スパリゾートハワイアンズやいわき湯本温泉、海水浴場などの観光資源に恵まれる。

原発事故直後、多くのいわき市民が一時的に自主的な避難を余儀なくされた。その被害は、いわき市民訴訟仙台高裁判決（二〇二三年三月十日）で、「地域の経済社会活動に重大な損害をもたらしたばかりでなく、いわき市の住民の多くが一時避難するという歴史上かつてない社会の混乱を生じさせた重大な事故」とされた。

しかしながら、すべてのいわき市民が漫然と福島原発事故に至る道を許してきたのではない。半世紀以上前に福島第二原子力発電所の建設計画が浮上して以来、中核都市であるいわき市民は、立地自治体の住民とともに「原発公害」の発生を危惧し、原発の危険性を〝警告〟してきた。原発の安全性を求める運動が地道に続けられていたにもかかわらず、福島原発事故は起こったのである。

いわき市　伊東達也《いとうたつや》

福島県内では五十年以上前に原発が立地した頃から原発大事故発生の危険が指摘されてきました。その危険は、福島県民の短歌にも詠まれてきました。

原発銀座を擁して息づくわれら子孫に残す何があるというか（天城南海子《あまぎなみこ》）
事故あれば被曝地となるこの町のそら晴れわたり鶸《ひわ》の群とぶ（遠藤たか子）
欠陥原子炉壊して了へと罵れる吾を濡らして降る寒の雨（東海正史）
いつ爆ぜむ青白き光を深く秘め原子炉六基の白亜列なる（佐藤祐禎《ゆうてい》）

私もこの五十年間、過酷事故を未然に防ごうと取り組んできた一人です。福島第二原発の立地許可取り消しを求める訴訟運動でも力を尽くしてきました。
高校教師の同僚だった吉田信《まこと》さんが、一九八四年七月二十三日、敗訴となった地裁判決の日に詠んだ「重い歳月」という詩があります。

私たちの一生も限りがあるから／誰にとっても十年は永かった
だが／慣れない金策に駆けまわり／署名を集め　勉強会もする
この十年がなかったら／私たちの人生はやせ細ったものになっただろう

それにしても空しい判決だった／空しさはどこから来るのか
裁判官が真実から眼をそむけたから／権力に尻尾を振ったから

空しいのは彼らであって／私たちではない

〈真実〉はいつも少数派だった／今の私たちのように
しかし原発はいつの日か／必ず人間に牙をむく
この猛獣を／曇りない視線で監視するのが私たちだ
この怪物を絶えず否定するところに／私たちの存在理由がある

私たちがそれを怠れば／いつか孫たちが問うだろう
「あなたたちの世代は何をしたのですか」と

長谷川公一《こういち》元東北大学教授は、鉱夫に危険を知らせた「炭鉱のカナリア」にたとえて、事故を未然に防ごうとしてきた人びとを「カナリアであった」と表現されました。

国と東電は私たちカナリアの鳴き声を無視し、「大事故は起こらない」と言い続け、無念にも、ついに大事故は起こるべくして起こってしまいました。悔やみきれない思いが募るばかりでした。

福島第一原発の過酷事故発生から十二年になろうとしています。強制避難地域だけでも八万二千人余が避難を強いられ、いまも多くの人がふるさとに戻っていません。小中学校の通学生徒数に至っては十分の一に減少しています。避難指示区域外を含めた福島県全体をみても、諸産業はいまだ3・11前に戻っていません。

私たち福島県民は、数限りない怒りと悲しみと苦しみの果てに、二度と事故を繰り返してはならないと、裁判に取り組んできました。私も、「福島事故を二度と繰り返してはならない」の一念で全国各地に出向き、「ノーモア・フクシマ」を訴えてきました。

ところが、最高裁判所は二〇二二年六月に、想定されていたよりも大きな津波が福島事故の原因であって、「国に責任はない」との判決を出しました。続いて八月に、岸田内閣は原発の再稼動を促進し、運転期間を延長し、新増設を目指すという剝《む》き出しの原発推進政策を打ち出しました。「福島事故から学ぶことはなくなった」

「もう終了した」と言わんばかりです。

被害地の実情を無視し、事故の原因をねじ曲げて原発推進に復帰する道は、福島事故を繰り返す道です。しかもこの道は福島事故よりもいっそうひどい被害をもたらす可能性があります。

いまこそ最高裁の判決を乗り越える国民運動を起こす時です。
福島の地から全国の皆さんへ、「ノーモア・フクシマ」の訴えを送ります。

敬具

（二〇二二年十二月十七日）

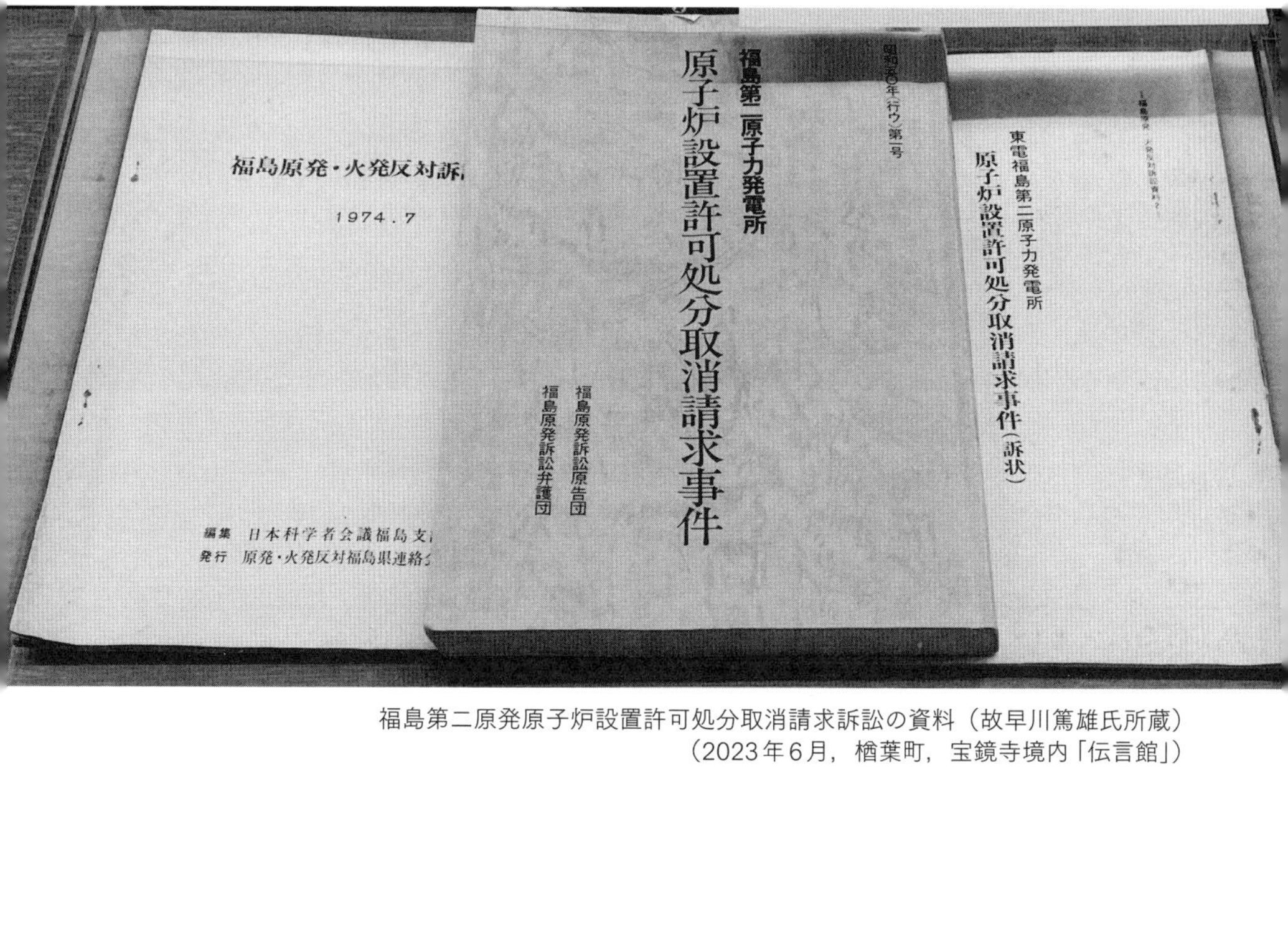

福島第二原発原子炉設置許可処分取消請求訴訟の資料（故早川篤雄氏所蔵）
（2023年6月，楢葉町，宝鏡寺境内「伝言館」）

5 七人の孫たちへ

飯舘村《いいたてむら》は「までいな村」と呼ばれる。二〇〇四年の「第五次総合振興計画」の基本構想で、風土に根差したスローな暮らし方を、方言で「までいライフ」と名づけた。

手間暇を惜しまず、心を込めて、思いやりの心で、丁寧に（までいに）。

「日本で最も美しい村」連合にも加盟していた飯舘村には、ブランド牛の「飯舘牛」、凍《し》み餅《もち》、凍み大根などの特産品があり、都市との交流事業も活発だった。自然エネルギーを「までいライフを支える風土に根付いたエネルギー」と位置づけ、エネルギーの地産地消を構想してきた。

原発事故から約一か月後に計画的避難区域に指定され、全村避難となった飯舘村で、果たして何が、どれだけ放射性物質に汚染されているのかを測定し続けてきた人がいる。二〇一七年に飯舘村内の避難指示解除準備区域と居住制限区域が解除され、二〇二三年に帰還困難区域にある特定復興再生拠点区域の避難指示は解除されたが、測定はなおも続けられている。

飯舘村《いいたてむら》　伊藤延由《いとうのぶよし》
（避難指示解除後に飯舘村に戻る）

爺は、二〇〇九年九月に、縁あって飯舘村で米づくりを始めました。そのわけは日本の米づくりに危機感を抱いていたからです。

新潟市近郊ではゴールデンウィーク頃に田植えします。一、二か月すると稲が育ち、田んぼは緑の絨毯《じゅうたん》を敷いたようにきれいになります。しかし、田んぼの減反《げんたん》部分（稲を植えていない場所）や、畦《あぜ》などは雑草でボウボウになります。これは、農業従事者の高齢化で、それまで行われていた手作業や機械による田んぼの除草作業が困難になり、除草剤を使うようになって手入れが行き届いていないからです。

現在使われている除草剤は、低毒化して、人間には影響が少ない、危険は少ないといわれています。しかし報道によれば、ある種の昆虫が減少したとか、水生昆虫が少なくなった事実もあります。低毒化した除草剤も、使い続ければ、何らかの被害が出るのではと思い、可能な限り農薬を使わない米づくりができないかと考えていました。

私の大切な孫たちに、少しでも安全な米を食べてほしかった。米は毎日食べるものだからです。

そんなときに、前に勤めていた会社から、飯舘村に農業研修所をつくるので管理人をしてほしいと連絡がありました。爺のお母さん（孫たちのおばあちゃん）はすでに施設に入っていたので、お引き受けすることに決め、喜んで飯舘村に行きました。

爺は農業はしたことがありませんでしたが、幸いなことに研修所の近くに住んでいる方たちは非常に協力的で、爺が困るようなことはありませんでした。農業機械の操作や米づくりのイロハから手を取って教えてくれたのです。

二〇一〇年三月二十五日、田植えの苗づくりが始まりました。育苗箱《いくびょうばこ》づくりなど、すべての作業を近所の方々が教えてくれました。その後、五月十五日、十六日に田植えを行い、九月十八日の稲刈りまで、田んぼの草取りに励みました。その作業はとてもつらいものでした。夏の朝は日の出と同時に作業を始めて、日中の暑いときは昼寝して、夕方も草取りしました。その間、いくつかの問題がありました。サルやイノシシが田んぼを荒らすなどですが、なんとか収穫ができました。

収穫した米はとてもおいしいものでした。約八千キログラムの収穫でしたが、販売を始めたら十二月には完売するほどの評判を得ました。初めての米づくりはたいへんな苦労を伴いましたが、少しでも安全な米を孫たちに食べてもらえたという達成感で、とても充実した一年でした。

あまりに評判が良かったので、翌年は栽培面積を増やして約二万五千キログラムの収穫を見込み、準備を始めました。

準備を始めたときです。二〇一一年三月十一日午後に発生した東日本大震災。飯舘村は震度六強という激しい揺れでした。そのとき、爺は六十六歳でしたが、初めて経験するすごい地震でした。

その後、何日も余震が続きましたが、飯舘村は幸い、家の倒壊などの被害はありませんでした。飯舘村の被害は、震災で壊れた福島第一原子力発電所から放出された放射性物質によるものでした。放射性物質は、本来は原子炉容器に閉じ込められて空気中に出てくることはないのですが、原子炉が壊れて閉じ込めることに失敗したのです。

大気中に放出された放射性物質からは放射線が出ます。放射線は、人体に当たると人間の細胞の遺伝子を壊して障害をもたらすといわれています。しかし、人間は遺伝子が壊れても修復する能力を備えており、被ばくがすべて障害をもたらすものではないのです。

一般的には、若い人ほど被ばくの影響が強いといわれています。国が、原発事故直後、妊婦や子どもたちに早く避難するよう伝えたのはそのためです。

爺は、原発事故が起こる前は、「放射能は怖い」程度の知識しかありませんでした。一番上の孫の直《なお》さんが年中組になった頃から、毎年夏休みに柏崎刈羽《かしわざきかりわ》原子力発電所の見学をしてきました。そこには原子炉の実物大の模型があり、とても頑丈につくられているとあり、壊れることがないように思いました。多くの人はそうだったと思います。ですが、それはいとも簡単に壊れたのです。原子力のエネルギーはそれほど強力なのです。

爺は事故直後から大勢の専門家の先生に指導をいただき、放射能を測る機器を借りて、飯舘村を中心に放射性物質がどのようになっているか調査を始めました。

地上に降下した放射性物質は土壌に沈着し、自然の循環サイクルに取り込まれました。植物はセシウムを栄養素と間違えて根から吸収し、葉や実にため込みます。葉は秋になると落ち葉になって腐りますが、セシウムはその場にとどまり、翌年も根から吸い上げて葉に、ということを繰り返します。

これまで測った結果で、野生の植物の汚染が大きいことがわかりました。一方、畑で栽培したものは汚染が測れないくらい少ないか、まったく汚染されていないものもあります。

飯舘村の人たちは山菜やキノコを自然の恵みとして享受していました。村の人は食事の四〇%は自然の恵みだったと言っていました。

放出された放射性物質が放射線を出す能力が半分になる時間（半減期）が三十年のセシウム137を中心に、飯舘村など福島県内や近隣県に大量の放射性物質が降下しました。セシウム137が放射線を出さなくなるのに、おおよそ三百年を要します。その間、汚染地域（飯舘村など）に住む人は、被ばくの危険が伴います。
ただ、原子力発電所から出た放射性物質からの放射線のほかに、人間はつねに放射線にさらされています。太陽からの放射線による被ばくです。これは非常に少量ですが、人類始まってから被ばくしているのです。さらに日本では医療被ばく（レントゲンやCT）が多いといわれていますし、航空機に搭乗した際の被ばくがあります。レントゲンやCTは、被ばくはありますが患部を詳細に見ることができるし、放射線治療も効果が期待できます。飛行機は時間を短縮するというメリットがあります。

しかし、原子力発電所事故以降に生きる人たち、とくに若い人たちは自ら被ばくのリスクを学び、意識していくことが大切です。福島県だけではありません。近隣県にも影響がありました。いま、その影響がどうなっているか、皆で確認しながら生活していくことが大切です。

もうひとつ、爺からの提案です。孫のせらさんはすでに体験しているそうですが、広島、長崎の原爆資料館をぜひ見学してください。いまから七十七年前に投下された原子爆弾の被害が克明に展示されています。たった一枚のパネルを見ただけで、眼をそむけたくなるような悲惨な光景です。原爆の被害と原発事故の被害は少し違いますが、放射性物質の被害が及ぼす影響は共通する部分があると思います。それは八十年近く前に浴びた放射線によって現在も健康被害に苦しんでいる人がいることです。

（二〇二三年二月十七日）

全村避難に伴い，閉鎖を余儀なくされた村営書店「ほんの森いいたて」（2011年7月，飯舘村）

原発事故により耕作できなくなった農地
（2011 年 7月，飯舘村）

6 息子と囲んだテーブルはご先祖様からの贈り物だった

浪江町《なみえまち》に国・県・東電からの連絡はなかった。テレビで避難指示が出ていることを知り、情報がないなか、福島原発から最も遠い津島《つしま》地区に町役場機能を移転させ、住民を避難させた。だが、避難ルートも、津島地区も、のちにＳＰＥＥＤＩ（緊急時迅速放射能影響予測ネットワークシステム）が高線量の放射性物質の拡散を予測していた地域であったことがわかった。

事故から約一か月後、福島原発から二十キロメートル圏内は警戒区域、町内の二十キロメートル圏外は計画的避難区域となり、浪江町は全町避難となった。避難指示区域の見直しは二〇一三年。避難指示解除準備区域と居住制限区域は二〇一七年に解除され、帰還困難区域内に設けられた特定復興再生拠点区域は二〇二三年に避難指示が解除された。

浪江町《なみえまち》　今野寿美雄《こんのすみお》

（避難し、現在福島市）

3・11のときに息子は五歳。避難して半年後に飯坂《いいざか》（福島市）の借り上げ住宅に移り、区域外就学で小学校に入れました。それからは、ずっと飯坂にいます。

浜通りの浪江町と中通りの飯坂は気候も風習も違っていて、浜通りでは降らない雪が中通りでは降る。浜通りにはない小学校の制服が中通りにはある。大人は戸惑いましたが、息子が学校で友達に恵まれたことは救いでした。小・中学校の友達とは、高校生になったいまも仲良くしているようです。

二〇二〇年、家を解体する前に、息子を連れて浪江の家を見に行きました。私は何度も行っていましたが、息子にとっては、最初でただ一回の一時帰宅でした。家を見て、最初に出たのが、「汚い家だな」。何も覚えていないようで、電動の乗り物のおもちゃを見たときに、少し記憶を思い出したのかな。

二〇〇二年に建てた家には、大きなテーブルがありました。ひいひいじいちゃんが分家したときに植えた、いぐね（屋敷林）の木でつくったテーブルです。百年以上経ったサワラの木（ヒノキ科の針葉樹）を、十五センチメートルくらいの厚さに切って、磨いたり、ニスを塗ったりしてつくりました。

買ったら何十万もするんじゃないかと思うけど、ご先祖様からの贈り物だから、金には換算できない価値があります。とはいえ、いま住んでいるところには持ってこられないから、テーブルは浪江のおじさんの倉庫代わりの家で眠っています。ご先祖様が、あとから生まれてくる子孫のためにと植えてくれた木でつくったのだから、いずれは大事な宝として息子に引き渡したいと思っています。息子が一歳か二歳のときに、そのテーブルでご飯を食べている写真があるので、それを見たら、テーブルのあった家のことも少しは思い出せるかもしれません。

その息子も、四か月もしたら十八歳で成人です。せっかく十八歳選挙権になったのだから、選挙には行ってもらいたいなぁ。現状のままでいったら、未来がない。いまは、子どもを守らない、人権を守らない、被ばくを強要する社会です。破壊された環境に基準を合わせて、二十ミリシーベルトの基準をつくっています。

私は原発のエンジニアでした。原発で働いていても、二十ミリシーベルトなんて被ばくする人はいません。年間十五ミリシーベルトで自主規制しています。たとえ〇・〇一ミリシーベルトであっても、不要な被ばくはしないというのがＡＬＡＲＡ（アララ）の原則（As Low As Reasonably Achievable：可能な限り低く）です。原発に入るときに、徹底して教育されます。さらに、内部被ばくをしないこと。汚染区域で着たタイベックスーツ（防護服）を脱ぐとき、全面マスクを外すときに、顔や手、下着に付着させないように注意を払います。

それなのに、赤ちゃんも二十ミリシーベルト被ばくしていいというのは、どうなのだろうか。私は、「子ども脱被ばく裁判」*でそのことを訴えてきましたが、仙台高裁は訴えを退けました。ひどい判決でした。

そういうひどい世の中なんだと知ってほしいですね。若い人が知って、わからない人に教えて訴えないと、見殺しにされてしまうんです。

3・11の後は私も鼻血を出したし、半年後には息子も風邪のような症状がでて、長く続きました。いまは元気いっぱいですが、うまいものをいっぱい食って大きくなってほしいと、家にいるときは、夕飯は私がつくります。いつも十八時前には帰ってくるから、まず風呂に入れて、食べさせる。

今週はテストだから、食ったら近くの学習センターに行くのかな。冷蔵庫を整理しなければいけないから、今晩は残っていた塩辛でスパゲッティを作って食わせる。スパゲッティが茹《ゆ》で上がったら、オリーブオイルをかけて、梅のエキスをかけて、塩辛、千切りにした大葉、海苔《のり》をかけます。大葉はけちらない。あとはスープとサラダ。

（二〇二三年二月十五日）

*子どもたちが被ばくしない権利を求める「子ども脱被ばく裁判」は、二つの裁判の総称である。第一の、安全な場所で教育を受ける権利の確認等請求の仙台高裁判決（二〇二三年二月一日）は、訴えを棄却する判決を出した。第二の、無用な被ばくをさせた国の責任を問う裁判は二〇二三年七月現在、仙台高裁で係争中である。

7 十二年経っても癒えない思い

東日本大震災では、首都圏でも「帰宅困難者」が多数生まれた。保育園や小学校に子どもを迎えに行こうにも、電車が止まって行くに行けず、心細い思いをさせたと心を痛めた人も少なくなかった。避難訓練や防災訓練で担った役割も、災害時に果たせるとは限らない。

その日そのとき、いるべき場所にいられなかったと、自責の念にさいなまれながら亡くなった行政区長がいた。看取った遺族は、いまだつらい思いをぬぐいきれない。

福島第一原発から二十～三十キロメートル圏内にある広野町《ひろのまち》。屋内退避指示が出て（のちに緊急時避難準備区域に指定、二〇一一年九月末解除）、町独自の避難指示も出された（二〇一二年三月末解除）。

復興の前線基地となり、人口も経済も数字上は回復したかのようにみえる広野町だが、住民の「心の傷」は簡単には癒えない。

広野町《ひろのまち》　鈴木恵子《すずきけいこ》
（避難し、現在福島市）

五十数年前に、福島市から広野町に嫁ぎ、呉服の仕事に携わって五十年。震災前は、趣味の範囲内で着付け教室を開き、さまざまな活動をしていました。広野町は小さいので、町から委嘱された仕事をすると、繰り返し同じようなメンバーが集まります。ほとんどが顔見知りでした。絵本の読み聞かせのボランティア。チェルノブイリ原発事故で被災したベラルーシの子どもたちの転地療養のボランティア。国際交流で外国の方に着物の着付けのボランティアも、楽しみでした。

三月十一日は、県内各地で卒業式があった日です。私は、中学校の教員をしている福島市の娘に着物を着せるために、前日、娘宅に来ていました。十一日早朝、袴《はかま》を着付け、娘を送り出し、広野町から夫が迎えに来るのを待っていました。夫は、何を察知したのか、「自宅に留守番させたまま、ばあちゃんを一人で残し、出かけてから何かあったらたいへんだ」と思ったらしく、「どうせ孫の家に行くんだし、ひこ（ひ孫）の顔を見に行って、小遣いでもあげたらどうか」と、おばあちゃんを乗せて迎えに来たのです。ですから、長年一緒に暮らした私たち三人は、広野町の揺れとか津波とかを知りません。

福島（市）ではテレビを見ることもラジオを聴くこともできたので、津波の様子を見ていました。娘宅の近所でも瓦《かわら》が落ちるところを見て恐怖でした。

夫は「このまま福島にいるわけにはいかない。帰るぞ」と。しかし、道路が各地で陥没しているニュースを見聞きした婿《むこ》さんは、「帰るのは危険」と私たちを引きとめました。

夫は行政区長だったので、「地元にいなくちゃならない」という責任感が働きました。ひと晩、娘の家で恐怖心を我慢し、翌日自宅に戻りました。何時間もかけてやっと広野町にたどり着き、すぐに六十四軒ある行政区内を、夫と二人別々に、一軒一軒回りました。ほとんどの家はもう誰もいませんでした。広野町には東京電力の火力発電所があります。地震で、みんな公民館に避難していたところ、東京電力関係者からの個人的な情報が入ってきて、みんなそれぞれ、ばらばらで逃げたのです。

二軒だけ一人暮らしの高齢者が残っていました。八十代の女性は、前日の夜に公民館に泊まり、自分の家に戻ったものの、テレビもつかない、電気もつかない、情報のないところにいました。避難するよう声をかけたら、「また大きな地震があったら公民館に避難するからいいわい」と、笑いながら、のんきな答えでした。もう一人、七十代男性は「大野病院*に診察予約してあるから家を出るわけにいかない」

＊福島県立大野病院。福島第一原発から約四キロメートルの大熊町町内に立地。原発事故を受けて入院患者、職員らの避難に追われ、以後、閉鎖が続いている（二〇二三年現在）。内科、外科、眼科など九つの診療科があり、相双地域の医療の中核を担っていた。

と。「大野病院なんてとんでもない、病院なんてもうないよ。一人暮らしなんだから軽トラで出ないで、役場のバスに乗るように」と指示しました。その二人を乗せたのが役場の最後のバスでした。二人を見届けて、私たちも自宅をあとにしました。

広野町は原発から三十キロメートル圏内に入っていて、全町民が避難しました。私たちも十か所、転々と避難しました。四月に、おばあちゃんが亡くなりました。九十歳でした。避難のショックと診断され、震災関連死に認定されました。

広野町の役場がいわき市湯本に避難したため、避難中の行政区長会議は、湯本で行われました。夫はそのつど、避難先から駆けつけました。しかし、「震災当日に、行政区長なのに広野町にいなかったから話がかみ合わない」ということをずっと悔やみ、つらい思いをしていました。その夫も体調を崩し、救急搬送されました。専門の医者がいない地元には戻れません。診察した医者の指示で、大きな病院のある福島市に落ち着くことになりましたが、翌年十一月に六十八歳で亡くなりました。避難によるストレスでの死亡として、震災関連死に認められました。

避難するまで、おばあちゃんはゲートボールを楽しんでいましたし、夫は健康診断で異常もみられなかったのに。悔しさだけが残りました。

夫の葬儀のために喪服を準備しようと、一年で避難指示が解除された広野町の自宅に戻りました。解除されたとはいえ、誰も戻っていない時期です。広い家にたった一人。眠ることができませんでした。ライフラインも復旧していない、商店も開いていない。友達も隣近所も誰もいない。真っ暗闇の町で暮らすのは無理、戻るのは無理。そう思って、朝早くに福島市に戻りました。

広野町の避難指示が解除になると、無償の借り上げ住宅が無償ではなくなってしまいました。自宅に戻るか、福島市に留まるか。一年間、悩みに悩みました。おばあちゃんと夫を看取って、たった一人になった私は、車の運転ができない。ならば、娘がいる福島で暮らすのがいいんじゃないか。福島市にいることを決めました。

年金では家賃を払って生活ができないので、広野町の自宅を貸して、賃貸住宅の家賃にあてています。広野の自宅は、いまの賃貸住宅の三倍も広く、震災の影響はまったくない築十二年の家でした。駐車場は車が十台も止められます。着付け教室や趣味の洋裁もできる老後の楽しみを考えて設計した家でした。まさかこんなことになるとは思わずに。

十二年経っても残る思い。いまだに癒えません。

行政のお手伝いで統計調査員、食生活改善推進委員をしたり、婦人会の副会長をしたり、地域団体のお世話をしたり。広野町は、なんでも組織は一つでした。同じ人がいろんな役をやっていました。広野町でやってきたことは、煙のように消えてしまいました。プラス思考で生きるしかないと、福島市でボランティアや着付け教室を始めましたが、悔しさや広野町への思いはいまでも消えることがなく、トラウマになっています。

広野町には舅《しゅうと》、姑《しゅうとめ》、夫の眠るお墓があるので、お墓参りには行きますが、自宅を貸してしまっているので、横目で見て通り過ぎるだけです。その寂しさに、地元から遠のくのを感じざるを得ません。

（二〇二三年二月十四日）

8 励まし合いながらここまで来た

福島第二原発の立地町である楢葉町《ならはまち》は、警戒区域（原則立ち入り禁止）となり、その後、避難指示解除準備区域に再編され、二〇一五年に避難指示が解除された。二〇二三年三月末には町内居住者数が四二九六人まで回復したが、約八千人が住んでいた震災前には及ばない。「新生ならは」創造に向けた歩みはいまだ現在進行形である。

楢葉町に限らず、原発事故で避難指示が出された地域では、近隣に住む親族がいっぺんに、ばらばらに、避難先を転々とするケースが相次いだ。

避難指示の解除を待つか否か。避難指示解除後に戻るか否か。原発事故は繰り返し、苦渋の選択を迫った。

楢葉町《ならはまち》　金井直子《かないなおこ》
（避難し、現在いわき市）

もう十二年なのか？

まだ十二年なのか？

東日本大震災と東京電力福島第一原発事故からの年月を、いまもずっと問い続けています。

いまから二十七年前、両親のUターンを機に移り住んだ楢葉町での暮らしは、私たち家族に、新しい人生の喜びを与えてくれました。海あり、山あり、川あり。まだ幼かった頃に楽しく過ごした田舎での夏休みや親族との思い出に加え、私たちを温かく迎え入れてくれた楢葉町の人びととの交流は、私にとってかけがえのない大切な経験となり、大切な記憶になりました。

二〇一一年三月十一日、あの日から私はこれまで経験したことのない恐怖感と不安感と絶望感に苦しむことになりました。とくに福島県は、地震・津波・原発事故という複合災害になり、私たち家族や親族一同は生活の拠点を奪われ、強制避難指示によって他の場所での避難生活を強いられることになったわけです。

あれから十二年。私たちにはさまざまな変化と、数々の苦渋の選択と決断がありました。

大熊町《おおくままち》にあった実家は環境省の中間貯蔵施設*建設用地に提供せざるを得ないという最悪の選択を迫られ、高齢の母は決断していわき市内に住まいを求めました。

私も仕事先が壊滅状態になり閉鎖されて失業しました。家族で悩みながら、楢葉町の自宅を手離すことにしました。大きな葛藤を抱えながら、そのつど苦渋の選択と決断をして生きてきました。

私は原発事故の理不尽さを黙って見過ごすこともできず、また高齢の母や大好きな親族たちの過酷な避難生活を目の当たりにして現実のものとして受け入れがたく、避難先でもなんとか原発事故の被害の実態を正しく公正に判断してもらいたいと、被害者が早急に生活再建できるような手段を探し求め続けていました。その結果が裁判を闘う、ということでした。

裁判など自分には縁のない世界のこと。当初は、ハードルが高く、弁護士の先生とまともにお話しするなどできないと思っていました。しかし、震災と原発事故直後の相談会での出会いから、二〇二二年三月七日の最高裁判決（東電の上告不受理決定）まで、弁護団の先生方は私たち原発事故被害者の苦悩と絶望の気持ちを根気よく聞き続けてくれました。心から感謝しています。

私たちが、福島地裁、仙台高裁、最高裁と闘いの舞台を変えていくなかで、原告

＊除染廃棄物などを最終処分するまでの期間、保管・管理する施設。大熊町と双葉町にまたがり、面積は約一六〇〇ヘクタール。

の高齢化も進みました。判決を待たずに亡くなった方々や、体調を崩して入院したり、施設に入所した方々も多数いました。私は不幸にも原発事故被害者になったけれど、この地域には本当はもっと声をあげたい人がいる。理不尽さと苦しみを抱えて生きている人がいる――。

この裁判に参加しなかったら、出会うこともなかった多くの方々の思いに触れて、私の生きてきた世界は本当に小さな価値観の中のものでしかなかったことを思い知りました。世の中に不公平感や不平等感を抱えながら生きている人たちの何と多いことかと実感しました。

私たち原発避難者訴訟第一陣原告団は、最高裁で勝訴判決が確定した後、東京電力から公式に謝罪を受けました。しかし、原発事故の後処理はまだまだ果てしなく続きます。結局は、私たち原発を抱えた地域の住民は、いつまでかかるか予測もできない廃炉作業の監視を続けながら、この地で生きていくことになります。願わくば、もう二度と私たちが経験したような原発事故被害の悲劇が繰り返されることのないように。私たちの地元、福島浜通り全体が、本当の安心安全に守られて暮らしていくことができる地域になることが、私たちが裁判を闘ってきたことの大きな意味だったのだと後世に伝え残していきたいです。

いま振り返ると、いつも私には家族の理解と協力があり、楢葉町の旧知の友との心の共感とお互いを励まし合う精神的な支えがありました。人生の中で悩み、苦しみ、つらい気持ちになったときには、自分だけが不幸と思わないで、相談しながら、前進できる解決策を見いだすことも必要だと学んだような気がします。

人間の命は有限です。そのときその場面での選択と決断に後悔しないように、これからも、いまある日々の暮らしを大切に感謝の気持ちで生きていきます。

（二〇二三年二月二十三日）

大滝神社の浜下り神事（2019年4月，楢葉町）
撮影：関礼子

9 最高裁6・17不当判決は、必ず克服しなければならない

二〇〇六年に小高町《おだかまち》、原町市《はらまちし》、鹿島町《かしままち》が合併して誕生した南相馬市《みなみそうまし》は、原発事故後、合併前の区分に近いかたちで分断された。福島第一原発二十キロメートル圏内の小高区は避難指示が出され（のちに警戒区域）、二十〜三十キロメートル圏内の原町区は屋内退避指示（のちに緊急時避難準備区域）、三十キロメートル圏外の鹿島区は避難指示の対象外となった（原町区の一部は、のちに計画的避難区域および特定避難勧奨地点に指定）。

南相馬市の桜井勝延《かつのぶ》市長（当時）は、動画投稿サイト「YouTube」を通じて、物資も情報も不足し、避難した住民と連絡をとることさえできないと支援を訴えた（三月下旬投稿）。

原発推進の国策の末に発生した原発事故は、長く地道に原発の安全性を求めて声をあげてきた市民にも等しく降りかかった。だが、二〇二二年六月に最高裁は、福島原発事故に「国に責任なし」という判決を下したのだった。

南《みなみ》相《そう》馬《ま》市《し》小《お》高《だか》区《く》　國《こく》分《ぶん》富《とみ》夫《お》

（避難し、現在相馬市）

原発事故から間もなく十二年になりますが、これほど長く苦しめられるとは誰が予想したでしょうか。放射能汚染が続く限り、苦しみは続きます。破壊された地域が元に戻ることは決してありません。

思い返せば、かつて原発が誘致されるとなったとき、立地町村の議会は諸手を挙げて賛成しました。原子力発電所とは、どんなものかもわからない状況であり、出稼ぎもしないで済むので、議会決議はやむを得なかったかも知れません。私自身も、原発は素晴らしいものだと思っていましたから、何のわだかまりもありませんでした。不安を感じた人はどれほどいたでしょうか。

原発がいったん稼働すれば、放射能漏れなどの事故・トラブルは、大なり小なりつきものです。私がその危険性を理解したのはずいぶん後のことで、反対集会や抗議集会、学者先生の説明などを聴いてからのことでした。身近に「原発ほど危険なものはない」という方もおりましたが、誠に悔しいことに、当時の私は、勉強会に来るよう呼びかけられても気が進まず、参加しても理解ができずにいました。

そんななかで、原発の放射能漏れ等の事故があり、そのたびに開かれる反対集会、抗議集会に私も参加し、学者の説明などを聴くことが多くなり、だんだん「原発は危険なのだ」という認識になりました。

忘れもしない一九七三（昭和四十八）年九月十八日、福島第二原子力発電所建設を推進するための公聴会*が福島市で行われました。「誤魔化《ごまか》し公聴会」であることは明白でした。そのため、当日は、会場を取り巻くほどの大集会となりました。

しかし、国は、原発の危険性を指摘する国民の声を一切聞き入れないばかりか、「安全神話」のもとで、原発を「国策」として推進してきたのです。その悲惨な結果が、福島第一原発事故です。

にもかかわらず、二〇二二年六月十七日、最高裁は「国に事故の法的責任はない」と不当判決*を出してしまったのです。この判決に、原発公害被害者はもとより、国民の誰が納得できるでしょうか。

事故から十二年になろうとしている今日、私たちの故郷は、若い方が戻れる環境にありません。多額の税金を使い移住者を募ったり、原発関連や「復興」工事の労働者を一時移住させ、あたかも被災地域ににぎわいが戻ってきたかのような演出をしたりしていることに、私は強い違和感を覚えます。

地域は汚染され、住民のつながりは壊されました。このところ、国は避難指示を解除することに躍起です。とくに帰還困難区域では、巨額の資金を投じて除染をし

*公聴会は九月十八日、十九日の二日間開催された。うち、國分さんが参加した十八日は、機動隊が出動するなかでの開催であった。

*群馬・千葉・愛媛に避難した人による訴訟と福島の生業訴訟の四つの訴訟の最高裁判決。

ても相当高い汚染が残ります。程度の差こそあれ、すでに避難指示が解除された地域も同様です。

私たち原発避難者訴訟*は、「あやまれ・つぐなえ・なくせ原発・放射能汚染」のスローガンを掲げて東京電力株式会社の加害責任を追及してきました。最高裁決定で原告勝訴の仙台高裁判決が確定し、東京電力株式会社の公式謝罪の表明を受けとりました。

しかし、「国に事故の責任はない」との最高裁判決は、絶対に納得がいきません。私は、悔しくて、悔しくて、国の責任追及をあきらめることはできません。

今後は、再び原発過酷事故を起こさないためにも、現在の法的責任を明らかにする原発公害国賠訴訟の闘いを我が事として支援しつつ、国の新たな原発推進政策に反対する広範な国民運動の一端を担って活動したいと決意を新たにしています。

（二〇二二年十二月十七日）

＊東京電力を相手取り、二〇一二年十二月三日に提訴した。

10 夢があった

かつて民俗学者の柳田国男は、日本でさまざまな植物を採取して食用にしていることが、「異人には珍しがられて居る」と書いた。人類学者の松井健は、季節ごとに自然に交じって行われる採取活動を「マイナー・サブシステンス」と名づけた。いまや、自然に交わり、食の恵みを得る伝統的な食文化は、「和食」としてユネスコの無形文化遺産に登録されている。農林水産省のウェブサイトも、「和食」の特徴の一つに年中行事との密接な関係を挙げ、「自然の恵みである『食』を分け合い、食の時間を共にすることで、家族や地域の絆を深めてきました」とうたっている。

浪江町《なみえまち》津島《つしま》（旧津島村）も、山の幸、川の幸が豊富な地域であった。津島では、年中行事だけでなく、日常のなかでも「食」を分け合い、絆を深めてきたのであった。

浪江町津島《なみえまちつしま》　関場健治《せきばけんじ》
（避難し、現在茨城県日立市）

原発事故の前には、大熊町の運送会社でトラックの運転手をしていました。東京電力の職員の引っ越し荷物を運んだり、東京に原発関連の書類を運んだりしました。北海道にも行きました。原発から出た使用済みの蛍光灯を集めて、留辺蘂町《るべしべちょう》のイトムカ鉱業所*というリサイクル工場に運んだものです。

私は、自然のものをとるのが大好きで、子どもの頃といえば、山に行ってターザンごっこ。アケビや木の実をとってみたり、川遊びをしてみたり。近所の川では、アユ、ヤマメ、イワナ、ウナギがとれました。

トラックに乗っていた頃も、荷下ろしした後に、ちょっと山の中に入って、山菜とって帰ってくるなんてことがありました。北海道では、ネマガリダケやタラの芽、ギョウジャニンニクをとりました。北海道の人はタラの芽を食べないのか、太いのがたくさんありました。西は福井県で、いいコシアブラがとれたものです。近所に配って喜ばれるのは嬉しいものでした。

＊イトムカは「東洋一の水銀鉱山」と呼ばれたが、一九七三年の「水銀パニック」をきっかけに閉山し、水銀を含む汚泥などの産業廃棄物処理を手がけるようになった。一九八三年に東京都の清掃工場の排ガスから高い水銀が検出され、その原因の一つが水銀含有の乾電池であることから、乾電池を分別収集してイトムカ鉱業所に運び込む自治体が相次いだ。一九九六年からは、水銀回収後の蛍光管のガラスのリサイクルプラントも稼働し、全国から使用済み蛍光管が運び込まれた。

私は、津島が終《つい》の棲家《すみか》だと思っていました。夢もありました。定年退職したら、山菜やキノコ、魚とりで小遣い稼ぎをしながら生活しよう。池を大きくして、そこで魚を育てて、孫や子に食べさせてあげよう。そんなことを思い描きながら暮らしていました。

津島にいれば自給自足の生活ができました。まず、山のものが豊富です。ふだんは「足、悪いんだ」「足、痛いんだ」と言っているお年寄りが、山菜やキノコのシーズンになると、背中がピンとして、足も治っちゃう。

お風呂は薪《まき》風呂で、薪になる木はそこらじゅうにあります。水も豊富で、どんどんと流れている山水を引いて使っていました。蛇口を止めるということを知らないから、避難先で水道水を流しっぱなしにし、水道料金に驚いたという話もあるくらいです。「津島であれば、お金がなくても生活できていた」と思ったものです。

原発事故の後に、私は親戚を頼って会津方面に避難しました。結婚して南相馬の小高《おだか》、双葉町《ふたばまち》、浪江町で暮らしていた子どもたち家族も一緒でした。しばらくして、柳津町《やないづまち》（会津地方）に中古住宅を買いましたが、子どもたちが高萩《たかはぎ》や日立《ひたち》（茨城県）に移ったので、私も柳津の家を売って、日立に家を買い替えました。

日立で、私は「関場《せきば》農園」を営んでいます。子どもの頃は、畑仕事は嫌いだったのに、年齢が高くなると興味をもってくるんですね。あちこちの農地を借りて、野菜をつくっています。ネギ、大根、白菜、自然薯《じねんじょ》、長いも、じゃがいも、さつまいも、ブロッコリー、かぼちゃ。三十種類くらいは作っています。少量多品目で生産しています。

月に何度か、福島のイベントで出品し、近所にも、喜んでもらってくれるところには、野菜を持っていきます。「おいしいねえ」と言ってもらうのが嬉しくて作っています。自分だけでなく、子どもたちに食べさせるものだから、除草剤は最低限しか使いません。草取りがたいへんです。

「津島に戻って営農できれば」と考えることがあります。戻れないにしても、津島に行って、ときどき、キノコとか魚をとったりしたいものです。

現実には、線量が高くて周りは国有林です。ケモノが入って、家もダメになっています。昔のままならいいですが、見るのが忍びなくて、行きたくなくなっています。

子どもたちも、実家がなくなってしまいました。初夏の頃は、家のそばの川でホタルの飛び交う風景。お盆に帰ってきたときは魚釣りや川遊びに花火。秋にはキノコとり。冬にはソリに乗る。

孫にもいろいろな経験をさせてあげられたはずなのに、残念です。

新築祝い、初孫ができたお祝い。津島にいるといろんな行事がありました。ふだんは農業で忙しいけれど、イベントのときはご馳走をつくって、みんなで食べました。田植踊《たうえおどり》の太鼓《たいこ》や神楽《かぐら》もしました。盆踊り、建前の餅拾い、お正月、楽しみがありました。

津島のきずなは強かったなぁ、と思います。

年配の人は、「うちに帰っちぇなぁ」と言いながら亡くなっていきました。

帰っちぇなぁ、津島に。

（二〇二三年二月四日）

津島地区はおよそ10年間にわたり人の立ち入りが制限され続けてきた
（2023年6月，浪江町津島）

11 母の遺言

帰還困難区域となった浪江町津島の住民の約半数が、「ふるさとを返せ　津島原発訴訟」を提訴した。地裁の法廷では、被告（国・東京電力）から、耳を疑うような話も飛び出した。原発事故で「ふるさと」がなくなったとして、それが賠償の対象になるのか。ダム建設など公共事業でも「ふるさと」はなくなる。それとどう違うのか、というのである。

津島の「昔の農家資料館」には、かつて大柿《おおがき》ダム*の建設で集落を離れた家々のジオラマがあった。添えられた説明文に、「十七戸の水没者の方々は地域発展のために住みなれた土地と昔からの歴史を後にして移転した」とあった。原発事故避難に「地域発展のため」という大義名分はない。

＊請戸川《うけどがわ》に建設されたロックフィルダム。浪江町中心部と津島地区とを隔てる室原川《むろはらがわ》渓谷に位置する。一九七二年度に事業着手し、一九八八年度に竣工。

浪江町津島　佐々木《ささき》茂《しげる》

（避難し、現在二本松市）

震災後に亡くなった母は昭和三（一九二八）年生まれ。やんちゃで、あまりに多くの宿題を残してくれました。

親父が昭和三十四（一九五九）年に出稼ぎに出ると、シイタケ栽培をしたり、障害者施設で勤めたり、保険の外交員をして、家を守ってきました。親父は線路のレールを敷く鉄道軌道の仕事で独立し、東京で飯場を持って、二五〇人あまりを雇用していました。津島には昭和五十五（一九八〇）年頃に戻ってきました。

その後、母は漬物屋を始めました。いまでいう起業です。「昔ながらの梅干し」や、規格外の野菜を使った「古漬け」をつくっていました。原町*のお菓子屋さんに、原町名物の「やきもち」を教わってつくったのも好評で、店には大勢の人が買いに来ていました。

親父は、津島に戻って二年ほどで脳梗塞《のうこうそく》になり、平成八（一九九六）年に亡くなるまで介護が続きました。

母は、介護の本を書いたり、家の歴史や郷土史を調べ歩いたり、古い家の模型を

*旧原町市。現在、南相馬市原町区。

つくってみたり、ダムで沈んだ集落の模型をつくってみたり。使われなくなった古い民具をこつこつ集めて、平成六（一九九四）年には「昔の農家資料館」を開設しました。私は郷土史とかが嫌いじゃないので、母親の意気込みに押されながらも、「好きなようにどうぞ。これ、寄付ね」という感じでした。

「むかし」が大好きで、民話を語る「語り部」の活動も、仲間と一緒に始めました。日本昔話のテープを何度も何度も聞いて、浪江町大堀《おおぼり》の「歯形の栗」*とか、「あっこ淵」*や「大蛇物語」*なんかを、十五分か二十分で語れる物語にして口演していました。

方言は、語り部の得意とするところ。福島県の方言大会で二〇〇九年に準優勝、二〇一一年には優勝しました。

原発事故で避難した後も、語り部の活動を、亡くなるまで続けていました。シルバーのクラウンを運転して、仲間を乗せて、どこにでも行く。私は、「危ないから、県外には行くなよ」とだけ言いながら、母の活動を見ていました。

とにかく好奇心が旺盛で、なんでも食らいついて、なんでもやってみたい。活発、お転婆《てんば》。私からしてみれば、ほんとうに、やんちゃな母親でした。

その母が最期まで言い続けたのが資料館のことでした。「これだけはどうしても残してくれ」と、何度も言っていました。線量の高い津島へ、展示物にシートを掛

＊「歯形の栗」……病気の娘が栗を食べたいというが、季節は冬。山に栗を探しに出た父が、お地蔵様に手を合わせると、リスが一粒の栗をくわえてきた。その栗を娘の口に運んでやると、娘は栗を噛んだまま亡くなってしまう。娘を墓に埋めてやるときに一緒に入れた栗は、やがて芽を出し実をつけた。その栗の実には、一つずつ小さな歯形がついていた。親に先立つ不孝をお地蔵様が救ってくれたという話（浪江まち物語つたえ隊の絵本『歯形の栗』より）。

けるためだけに戻ったこともありました。その母も、平成二十四（二〇一二）年に亡くなりました。

その後、津島は計画的避難区域から帰還困難区域になって、立ち入りもできなくなりました。資料館は雨漏りするようになりました。屋根を直したくても、業者が入ってくれません。展示していた民具も雨にあたりました。

五年前にようやく屋根にシートを掛けてもらいましたが、展示物もずいぶん傷んでしまいました。日清・日露戦争に行ったときのおじいさんの軍服も腐ってぼろぼろでした。母親が書いた展示物の説明文も読めなくなっていました。

「少しは残したらいいんじゃないか」

周りの人が言うもので、中古住宅を手に入れて、新しい資料館をつくりました。展示資料の三分の一は手のつけようもない状態でしたが、状態の良いものをトラック二台分、新しい資料館に運び込みました。しかし、雨を吸ってしまっているので、どうしても劣化が進んでいます。乱暴に扱ったわけではないですが、運搬途中に壊れてしまうものもありました。しかも、道具の名前や説明もない状態では、何を、どのように展示したらよいかわかりません。結局、新しい資料館は、資料を山積みにして、鍵をかけたままの状況です。

＊「あっこ淵」……「あっこ」は奉公人のこと。大師《だいし》講《こう》のご馳走を食べた翌日は仕事休みで餅を食べるが、前日のご馳走が腹に残って食べられない。不機嫌になった奉公人が、腹ごなしに仕事に出ようとするが、川の淵で足を滑らせ深い淵に沈んでしまう。出かけるときは機嫌よく、仕事の前にいらいらしてはいけないという教訓を伝える（浪江まち物語つたえ隊の絵本『あっこ淵』より）。

＊「大蛇物語」……大蛇に琵琶を聞かせた盲目の坊さんが、琵琶のお礼に、雨を降らせ、一帯を水に沈めたのちに目を直してやろう、だが、他言すれば命をとると言われる。坊さんはこれを殿様に伝え、命を落とすが、おかげで大蛇は退治されたという話。

こつこつと集めてきた昔の道具。その道具を展示したいと母が建てた資料館。亡くなる前に自ら展示物にシートを掛け、「これだけはどうしても残してくれ」と語っていた母。

「住宅ではないから賠償しない」と東京電力は言い、屋根を直したくとも「線量が高いから入れない」と業者は言い、新たな資料館をつくっても、山積みになった資料をどう展示したらいいか、わからない。これからどうするのか。あまりに大きな宿題です。

宿題は、資料館だけではありません。お墓のこともあります。親戚縁者のつながりもあります。四十町歩の山や、母が建てたお地蔵さんもあります。私には受け継いでいかねばならないものがたくさんあります。

先祖代々受け継いできたものが、草ぼうぼうになって、藪《やぶ》に覆われているのを良しとする人はいません。

五年ほど前から、お地蔵さんの周囲の草刈りを始めました。春になると、母が植えた水仙が増えてあちこちで咲きます。山の手入れにも入るようになりました。放射能まみれになって、馬鹿にされて、笑われて、それでもいい。

山であろうが田んぼであろうが、田舎は非経済的な活動で成り立っています。非経済的な活動をしないと維持できません。

ふるさとを守ろうとする背中を見せずに、ふるさとを放棄してしまったら、子どもたちはふるさとに愛情も愛着もなくなってしまうと思うのです。

（二〇二三年二月四日）

12 思い出のある津島・昼曽根《ひるそね》の家

どこで最期を過ごすか。どこに骨をうずめるか。

自分らしい生き方、逝き方を考える「終活」の話ではないから、逝く者も遺される者もやるせない。ふるさとに「帰りたい」と言いながら亡くなった人の無念、骨になってなお、ふるさとの墓に納骨できないでいる遺族の無念。

避難先で盆の迎え火を焚き、迷わずにたどり着いてくださいねと願い、墓参りできないことを詫びながら手を合わせた日々――。原発事故は、葬送儀礼を混乱させ、故人を悼み偲ぶかたちを不自由にした。

浪江町津島　佐々木《ささき》やす子
（避難し、現在大玉村）


二〇二三年は、主人と次男の十三回忌です。

二月十八日は主人の命日。小高《おだか》の菩提寺で法事を行い、昼曽根《ひるそね》*のお墓にお参りしました。自宅も解体することになっており、仏壇も拝んでもらいました。三月十一日の原発事故がなければ、四十九日は昼曽根の家で行われるはずでした。いまも自宅には、祭壇がそのまま残されています。

八月十一日は次男の命日。県外の病院に入院した次男が「家に帰りたい」と言うので、近くの病院に転院させたのに、一時帰宅は叶いませんでした。

十三回忌は私が取り仕切る最後の法事になるでしょう。最後なので、家も解体されるので、次男の同級生やお世話になった先生に来ていただいて、近くで食事会をしたいと思っています。幼稚園から中学、高校まで一緒に過ごした仲間と、次男を偲びたいのです。

これまで、法事をするたびに、なぜ昼曽根の家で皆を呼んで法事をできないのか、悔しい思いをしてきました。お墓参りも、長男と私だけで、長男のお嫁さんと孫三

＊津島地区にある行政区の一つ。旧津島村に合併した旧昼曽根村。

人は来ることもできません。お嫁さんの実家も津島ですが、ご両親の希望もあって、震災後は一回も津島に入っていません。孫は三人とも幼く、もとより十五歳以上でなければ立ち入りが許されません。

原発事故で、津島は放射線量が高い場所となり、法事だけでなく、普通の生活ができません。福島原発事故の問題を、国は処理できていません。

それなのに、なぜ原発を動かすのですか。

どうして再稼働なのですか。

ふるさとに帰れない人は置き去りですか。

私たちのことをどう思っていますか。

そんな国でいいのですか。

主人も次男も昼曽根のお墓に納骨しました。「放射能の高いところに納骨したの?」とも言われましたが、そこが、次男が戻りたいと望んでいた父親と同じ場所だったのです。いま、大玉村《おおたまむら》(中通り地域)にいるので、「大玉村にお墓を持ってきたら」という話もありました。津島から大玉村に移転した方の中に、お墓を移した方がいたからです。

それぞれに、お墓を移す、移さないで葛藤があります。長男には、「お母さんがいる間は昼曽根にお墓を置いてね」とお願いしています。

思い出のある自宅がなくなってしまうことは苦痛です。なぜ、どうして、自宅を解体しなければならないのですか。原発事故からの年月は長すぎました。動物が入り、家の中はめちゃくちゃにされました。片付けても、また動物が入り込んで、解体するしかなくなりました。

思い出のたくさんある昼曽根の自宅。主人が元気なとき、まだ息子たちが小さかったときに、炭窯《すみがま》をつくりました。田んぼの脇にはキャンプができる場所をつくりました。親戚の子どもたちが遊びに来たときはバーベキュー、夜はきれいなお星さま。三人の孫と一緒に、昼曽根の山、川でたくさん遊べたはずでした。

「いつかキャンプ場にしたいねぇ。炭窯で焼いた炭はバーベキューに使ってもらおう。沢水もあるから煮炊きもできる。自宅でつくっている野菜を食べてもらうのもいいね」と、将来の夢を語ったりもしました。

主人は魚釣りが趣味で、イワナ、アユ、ウナギ、コイをいっぱいとってきて、池に放していました。食べたいときに、池から魚をとってきて、自分でさばいていました。近所にも配っていました。水が変わると魚はうろこから色が変わります。コイも釣ってきたときは黒いのに、池の中で一週間から十日もすると、うろこが白くなってきます。「コイって、おいしいんだぁ。キャンプ場で食べてもらうのもいいんじゃない」と、夢を膨らませていました。

その夢も、二〇一一年三月十一日で壊されてしまいました。お嫁さんも孫も入ることのできない昼曽根の自宅になってしまいました。長男も、「子どもたちに、自分の生まれた家を見せたかった」と言っています。

私はもともと横浜出身です。父母の定年退職が契機で、父母と一緒に大熊町に引っ越し、それから昼曽根に嫁いできました。畑、山仕事、たいへんでした。津島の人間関係が濃すぎて驚きました。「昼曽根夫婦会」で、地元の人と都会から嫁に来た人、みんなで一緒に話をできる場があって、ストレス解消になりました。年一回、夫婦と子どもたちとで旅行に出たり、おじいちゃんやおばあちゃんも一緒になって食事会を開いたりしていました。そういう集まりが絆になりました。

息子たちが幼稚園に入った頃、私は病気で入院することになりました。入院中は、みんなが息子たちの面倒をみてくれました。震災前後は、主人が亡くなり、次男も入院中で、たいへんな時期でしたが、みんなが「お互い様だから」と助けてくれました。

私も、震災後に、検査入院をするという方から頼まれて、七か月の赤ちゃんの面倒をみたことがあります。「私に電話よこすんだから、よっぽど困ったんだなぁ」

と思って、引き受けました。一か月くらい預かりましたが、頼むほうも頼まれるほうも信頼関係がないとできないことです。都会では考えられないだろう絆です。

津島には、全員は帰れないだろうけど、私は「津島に帰る」と手を挙げて、特定復興再生拠点区域外にある自宅を除染してもらうようにしました。*二〇二〇年代のうちには希望するみんなが帰れるように除染を進めるということですが、具体的なスケジュールは決まっていません。これから何年かかるのか。昼曽根は他より放射能が高いので、まだまだ時間がかかりそうです。

私は、昼曽根で生活ができていたなら、政治家、東電、人の嫌な部分を見ることはなかったと思います。事故が起きるとなんでもかんでも想定外で済ますのではなく、想定外をなくす努力をすべきですよね。行き当たりばったりの処理では、後の人が困りますよね。そんな国でいいと思っていませんか。日本の国は変わるべきではないですか。

（二〇二三年三月二十九日）

＊立ち入りが制限されている帰還困難区域の一部に、特定復興再生拠点区域が設けられ、区域内では除染やインフラ整備を進めて避難指示が解除された（二〇二三年三月三十一日）。区域外では、住民が帰還したいと要望すれば、除染が行われる方針が示されている。

13 かあちゃん、あんちゃんに会えましたか

避難した自治体の職員、小中学校の教職員、医師や看護師たちは、自らが避難者でありながら、避難者をケアし、支援する立場になった。

自分の家族が無事に避難したかどうかもわからないまま住民の避難誘導にあたり、受け入れ先の担当者が「倒れるのではないか」と心配になるほど、昼夜なく住民対応にあたった役場職員。避難先の家族と分かれて、避難先の教壇に立った先生たち――。

危機の際に混乱が集中するのは、現場である。職業倫理や役割意識が、原発事故対応のエマージェンシーワークを支えた。しかし、それを手放しで賞賛し、現場へのしわ寄せを正当化することはできない。過酷な業務、過度のストレスによる離職やメンタルヘルスの悪化、プライベートを犠牲にした災害対応をもたらした原発事故は、決して不可避の「天災」ではなかったからである。

看護師として津島の住民を支えた女性の声を聞こう。

浪江町津島　今野千代《こんのちよ》

（避難し、現在福島市）

二〇一一年三月十一日、午後の診察が始まって間もなく、経験したことのない揺れに私は慌てて薬品戸棚を押さえ、近くにいた研修医さんにはカルテの棚を押さえてもらいました。診療所のスタッフが患者さんの安全を確保し、落下、散乱したものを片付けました。その日は、研修医さんの研修最終日。皆で写真を撮りました。とびきりの笑顔での記念撮影でした。まさかこれが津島診療所での最後の写真になるとは思いもしませんでした。

事故翌日からの診療所は想像を超える大混乱でした。いつもは患者さんが三十〜四十人ほどですが、この日は十倍もの人数で、待合室に入りきれず、雪がちらつくなか、二〇〇メートルもの行列で外に並んでいました。ほとんどが避難してきた新患で、保険証や薬手帳を持たずに避難してきた方々もおられました。なんの病気で医者にかかっているのかもわからない高齢者の方もいて、「赤い薬が欲しい」「白い薬が欲しい」と訴えるのです。

避難してきた開業医の先生が「手伝いますから」と言ってくださいました。薬剤師の方も応援に来てくださいました。「天の助け」とはこのことです。津島から他の病院に勤務していた看護師さんたちも、いつの間にか手伝いに来てくれていて、「千代ちゃん、頑張って」と、カルテを渡してくれました。

津島では薬も診療所で出しますが、在庫がすぐに底をつき、まるで戦場のようなありさまでした。


無我夢中で働いていた私は、津波の被害で避難してきていると思っていたので、「東電の原発が爆発したのよ」と教えられて驚きました。そういえば、外来で「あっ」という声が聞こえたときがあったなぁ……。あのとき、テレビで爆発の映像を見て、患者さんたちが騒いでいたのでしょうか。

十五日に、町独自で全町民の二次避難を決めました。津島住民にも避難命令が下りました。なぜ、避難しなければならないのかも告げられず、不安でした。家族は二本松市針道《はりみち》の叔母の家に、ひと足早く避難しました。私は、関根先生と重篤な患者さんの診察を終えてからの避難になりました。

あの患者さんが、避難前に来て良かった。点滴や酸素ボンベがあって良かった。適切に処置ができて良かった。関根先生と十三年間、一緒に働くことができて良かった。患者さんたちは無事に避難できただろうか。往診していた患者さんたちは、誰が面倒をみてくれたのだろうか。皆、どこに避難したのだろうか。とめどなく流れる涙で、運転がたいへんでした。

十九日、受け入れていただいた二本松市針道の避難所で、小さな仮設診療所を開所しました。浪江町のお医者さん、東和《とうわ》地区（二本松市）の看護師さん、ボランティアの医療関係者が応援に来てくれました。ばらばらに避難した後輩の看護師たちも、いつの間にか、全員来てくれました。医療事務の仕事をしていた娘は、整体の資格を持っていて、手伝いの合間に、ボランティアでお医者さんや役場の職員の方々をマッサージしてくれました。

ここでは、感染性胃腸炎が発生しました。私は心を鬼にして、「歩ける人は、外のトイレを利用して下さい。中にはトイレが一つしかないのです。しっかり手を洗って消毒もして下さい。それから、古い食べ物は捨てて下さい」と言いました。感染はひどく、ボランティアの方も感染。私の娘も感染し、叔母の家で隔離となりました。私も軽い症状が出て、点滴を受けました。

仮設診療所は、多くの町民が移動した岳《だけ》温泉（二本松市）へ、その後、仮設住宅が建てられた高台にある安達《あだち》運動場へと移りました。運動場のふもとに復興住宅ができると、診療所も敷地内へと移転しました。もちろん、診療所所長の関根医師をはじめ職員も近くへ引っ越したり、遠方から通うことになったりと慌ただしく緊張を強いられる時期でもありました。

でも、患者さんが「津島の関根先生に診てもらいたい」、「診療所のスタッフに会いたい」と言うのを聞いて、自分たちが元気で頑張らなければと、力をもらいました。「ここに来ると津島の人と会える、話ができる」、皆さんそんな思いで通ってきていました。津島では診療所の待合室はお茶の間と同じ、情報交換の場でもありましたから。

そんな状況でしたから、休みをとるわけにもいかず、仕事優先でした。震災後に亡くなった兄と母の看護は妹や弟に任せきりでした。看護の専門職でありながら、一番大事な家族の看護も満足にはできなかった。亡くなった二人に対しても、妹、弟に対してもずっと心の中で詫びています。

事故前から癌《がん》で床に就いていた兄は、とても優しい人でした。原発事故で全町民が避難していることを知らないまま、「いこいの村なみえ」での同級会を楽しみにしていました。

兄の一周忌の命日の翌日に、母も息を引き取りました。「悪化した」という電話で駆けつけ、私はだんだん冷たくなる母の足を撫《な》でながら、たくさん心配かけたこと、私たち子どもをかわいがってくれたこと、孫やひ孫たちを優しく見守ってくれたこと、伝え尽くせないありがとうを何度も何度も繰り返しました。

天国に行ったら「親より先に来て……」と、母ちゃんより先に逝った息子を怒っていいからね。

ありがとう……かあちゃん。

告別式の喪主挨拶で、「せめて、最期は自分の家から見送りたかった」と、絞り出すように言った弟の言葉が忘れられません。

二〇一三年三月三十一日、浪江町津島診療所（国民健康保険津島診療所）での准看護師としての三十八年を終えて定年退職しました。津島で三十六年、仮設診療所では無我夢中の二年間でした。できれば、津島の皆さんにお礼を言って退職したかった。

その後、津島の裁判に加わり、何度か津島の皆さんの家をドローン空撮や放射線量測定でお邪魔しました。荒れ果てた家々や更地になった跡地のなんと空しいことか。下津島《しもつしま》にあった我が家も際《きわ》除染*の該当になり、解体しました。気がおかしくなりました。もう元には戻れません。あの事故がなければ、とつい考えてしまう。

あれから十二年経ち、たくさんの別れもありました。当たり前の地域のつながりの大切さを、改めて感じ、感謝しています。震災後に初めて区長から届いた「アイラブ下津島」の「かわら版」。嬉しくて、何度も涙して読み返しました。私たちへの愛を感じ、頑張ってこれました。アイラブ下津島。アイラブ津島。津島は最高です。家がなくなっても、故郷は津島です。

＊際除染（キワ除染）とは、避難指示解除エリアに接する帰還困難区域の除染を行うもの。津島でも、幹線道路沿いに幅二十メートル（最大）などの対象内の家屋を国が解体・除染する際除染が始まっているが、対象から外れた家屋等の除染については方針が示されていない。

最後に、准看護師の私から、避難時の持ち物に忘れずに入れていただきたいもの。
——保険証、薬手帳、既往症とアレルギーの記録、二、三日分のお薬とお薬を飲むための水。糖尿病の人はインシュリン注射。

（二〇二三年四月三十日）

岳温泉内で開設していた仮設診療所
（2011年7月，二本松市）

津島診療所の入口へ向かう階段
（2023年6月，浪江町津島）

14 つらかったことより楽しかったことを思い出す

三月の東北はまだ寒く、一時避難所となった体育館は底冷えし、とても眠れる環境ではなかった。心のこもった「おにぎり」も、避難所に届く頃にはすっかり冷たく固くなっていた。食べ物は喉《のど》を通らず、トイレが心配で飲み物も遠慮がちになり、体調を崩す人も相次いだ。感染症も流行した。

やがて、避難所では、飲食関連にくわしい避難者が音頭をとって、自分たちで暖かい食べ物を用意し始めた。プライバシーがなく、いつまで避難が続くのか見通しの立たない不安と苛立ちのなかに、「災害ユートピア」のような状況が出現した。

浪江町津島　須藤《すどう》カノ
（避難し、現在福島市）

一番先に、つらかったことより楽しかったことを思い出すね。

避難して、体育館に行って、ボランティアの人がまだいなかったとき、浪江の「とんかつしが」*の社長が、「今日から俺がご飯の支度するので、手伝ってくれるか」と声をかけてくれてね。震災前にときどき食べに行っていて、社長の奥さんと、なんかのきっかけで話をするようになっていたんだね。だから、助かったんだよ、体育館で会ったときは。「会いたかった」。「ずっと友達になってようね」って。誰も話をする人いないから、息抜きができた。

「原発事故があっても、住んでいた町営住宅はコンクリートだから大丈夫だ」と思っていたの。だけど、自衛隊の人が回ってきて、二歳の孫に粉ミルクを飲ませるのに、「ここの水を飲ませちゃいけない」と。「何でそんなことを言うんだろう」と思いましたが、役場の人が来て「避難しろ」と言われたとき、やっと理由がわかりました。

＊「とんかつしが」は、二〇一七年三月三十一日に浪江町で帰還困難区域以外の避難指示が解除されたのを受けて、浪江町で営業を再開した。

「七人家族、どこに避難したらいいかわからない」と言えば、「東和町《とうわまち》（二本松市東和地区）の体育館へ行け、浪江町（仮）役場があるから聞け」と。浪江町役場で聞いたら、「子どもがいるなら新殿《にいどの》（二本松市）の体育館に行け」と。でも、被曝のスクリーニング検査していないと、どこにも入れない。「川俣町《かわまたまち》でやっている」と言われ、川俣町の高校で検査を受けたら、私のズックの放射能が高い。スリッパに履き替えて、ズックを買いに回っているうちに、夜の六時になり、七時になり、暗くなってきた。やっと新殿の体育館に着いたら、みんな寝ている時間でした。

「夕ご飯食べてきたのか」

「食べていない」

おにぎり一個とジュースをもらったけど、時間が経って、ご飯が固い。孫にはパン食わせた。毛布一枚と段ボールをもらって、「ひいて寝ろ」と言われたけれど、眠られるものじゃない。二歳だった孫が「おばあちゃん寒い」と言うから、懐《ふところ》に入れて寝せました。あとで聞いたら、廃校に入った人はもっと寒かったって。

朝早く起きたら、男の人たちが焚き火してお湯を沸かしている。「とんかつしが」の社長が、「誰か、ご飯手伝ってくれるか」って。固いご飯はおじやにしたり、ふかしたり、チャーハンにしたり。さすがに調理がうまい。味付けも上手。

避難所でご飯をつくるようになってからは、大きな鍋でも何でも、そこの部落の人が持ってきてくれたと思います。お米をもらって、炊いて。ゴボウやニンジン、なんでも刻んでサバの缶詰を入れて炒めるとおいしいと教わりました。ためになりました。いい経験したね。

でも、年寄りはかわいそうだった。ご飯も遠慮してもらいに来ない。また、年寄りはトイレが近いんだね。和式トイレで、水を流せないもんだから、トイレがたいへんなことになっている。這《は》ってトイレに行く人もいた。おむつをとりかえるのもたいへんだと思った。年寄りは「みんなに迷惑かけるから」と、食べる物も我慢していたね。

避難して、みんなで体育館で寄り集まって楽しくしているうちは、帰れると思っていたんだね。そうしているうちに、小学校が始まるというので、土湯温泉《つちゆ》（福島市）に避難した。一、二か月で帰れると思っていたが、しばらくして、放射能で帰れないということがやっとわかって、「放射能って、おっかないものだなぁ」と思った。

四月四日に土湯に来て、畳《たたみ》の上で悠々《ゆうゆう》と寝られるかと思ったら、六月に息子と嫁が離婚した。小学校三年、二年、保育所、二歳半の孫四人を育てることになり、それからは毎日が必死で、ほとんど記憶がない。ハンドタオルとか、何のタオルだとか、連絡帳に書かれていることがわからない。保育所に聞きに行って持たせた。宿題やら何やら、教えることもできないし、たいへんで気がくるいそうになった。

それから佐原《さばら》（福島市）の仮設住宅に入った。佐原には知っている人もいた。談話室で宿題教えてくれる大学生もいた。孫たちも学習支援を受けられるようになって「よかった」と喜んだけど、そのうちに学校でいじめにあうようになったんだね。だんだん、学校って言うと「おなか痛い」と言うようになった。「バス来ているんだから、早くしろ」と言っても、毎日、学校に行くようになると「おなかが痛い」と言う。

そのうち、体操着を汚くして帰ってくる。孫に聞いたら、「汚いもので、汚いもの拭《ふ》いてどこが悪いんだ、と言われて雑巾《ぞうきん》にされるんだ」と言う。学校に行って担任の先生に言ったら、「うちの学校にはいじめがありません」。教頭には、「お孫さんは勉強についていけないから、違う教室に入れます」と言われたの。先生たちの言うことも、いじめと同じだね。

校長先生も「うちの学校にいじめはない」と言うけれど、授業参観でも、先生の孫への態度は、他の子に接する態度と違ったものね。

二番目の孫も「死にたい、死にたい」と言うようになった。

そういうとき、津島の小学校の校長先生が回ってきて「こっちの小学校に来なさい」と。「転校させるのは、容易でない」と言うと、先生のほうで手続きをしてくれた。転校してからは、津島の学校で愛情たっぷりに、大事に教育してもらって、嬉しかったね。おかげで二人は無事に社会人になりました。あとの孫二人、七十歳を過ぎて授業参観とかに行かなくちゃならないけど、社会人にするまで頑張ります。

（二〇二三年四月二十一日）

15 いまの世代ができる精いっぱい

「津島《つしま》の田植踊《たうえおどり》」は、福島県の無形民俗文化財、国の記録作成等の措置を講ずべき無形の民俗文化財に指定され、津島郷土芸術保存連合会が保存団体となっている。

「津島の田植踊」は、津島の四つの地域の田植踊の総称である。先祖につながる歴史を踊り継いできた人びとは、田植踊に「ふるさと」を重ねて、田植踊の大切さを熱く語る。田植踊は、地域の人びとの連綿と続く縦のつながりと、「結《ゆ》いの精神」で互いに助け合う横のつながりを実感させるものだった。

浪江町津島　三瓶専次郎《さんぺいせんじろう》（避難し、現在福島市）

津島では、下津島、上津島、赤宇木《あこうぎ》、南津島の四部落で郷土芸術保存連合会をつくって、それぞれの田植踊を保存してきました。赤宇木は、震災後に、一回だけ復活しましたが、いまはどうなのか。下津島、上津島は復活していません。私のところは南津島の田植踊です。

五穀豊穣、無病息災を願う田植踊は、毎年、一月四日の初参会から始まり、庭元での練習を経て、二月十三日の「傘ぞろえ」で、庭元、八幡様、長安寺の順にお参りして踊ります。お寺さんでは田植踊だけで獅子舞《ししまい》の奉納はありません。

旧正月の十四日と十五日に、部落の下《しも》から上《かみ》に家々を回って踊ります。「下《さ》がり神楽《かぐら》はやらない」のが決まりです。十六日は仏の日なので踊りません。

厄年だ、新築した、結婚した、めでたいことがあったという家に呼ばれ、一日二十軒からは踊って歩いたものです。商店だとか、議員、村長さんの家は、義理でも呼んでくれます。「いまどこで踊っています」と告げて歩く「前触れ」がいて、道具を運ぶ「担ぎ手」もいます。各家の縁側から「のっこむ」と、そこが奥の間で控室となります。真ん中の部屋には神棚・仏壇があり、そこで踊ります。まずは神棚を拝んで、その家の旦那さんに挨拶。太夫《たゆう》の口上《こうじょう》から踊りが始まります。南津島では、はじめに田植踊、次に神楽。観客やお祝い金が多ければ、「ひょっとこを出すか」となり、「岡崎ひゃらりひゃ」と笛、太鼓。ひょっとこは、最後に、神楽に頭を食われて終わりとなります。

宿*（庭元）に戻ったら「傘ぬき」（傘を脱いで踊る）して、八幡様で踊り、「庭元御礼」で「神楽七芸」を踊って楽しみます。

田植踊は、原発事故後に途切れましたが、「せめてビデオに残しておきたい」という話がでてきて、復活の動きとなりました。

震災から三年目に開催された第一回の「ふるさとの祭り」で、神楽だけやりました。それからは、あちこちに呼ばれて、神楽を踊るようになりました。でも、南津島は神楽だけでない。田植踊がある。

田植踊をやるには、人数を集めなくてはなりません。同じ津島にいたなら、「おめぇ、出てきてくれ」と言えますが、ばらばらに避難していますから、なかなか協力する人もたいへんです。電話をしたり、訪ねて行ったりして人を集めました。男だけでやっていた踊りに、継承するにはこれしかないでしょうと、「おきて破り」で女の人も入れて、やっと復活にまでこぎつけました。

＊宿（庭元）とは、道具の保管・管理や練習場所の提供などの世話役をする旧家のこと。

なんとか、戻れるものなら、地元の津島で田植踊をやりたいものです。

たまたま、子役で入った女の子がいました。東北学院大学に進学して、金子祥之《ひろゆき》先生に出会い、「津島の田植踊がなくなっては困る」と語ったそうです。それが契機になって、金子先生のゼミの学生が田植踊の継承に取り組んでくれています。われわれの芸を習って、それを復活させたいという熱い気持ちに打たれました。

この先、学生たちがあちこちに就職していって、それでも継承してくれるかくれないかはわからないが、十人が二十人、二十人が四十人、津島の田植踊を覚えてくれる人が増えれば残っていくのではないか。

望みをかけて、やりたいと思う人には継承していきたいと思っています。

田植踊は、われわれが習ったときは口伝えでやっていましたが、いまは映像で記録して残しておけます。自分の役割だけでなく、着物の着方も、顔の書き方も、何でも誰でもみんな覚えておけと。そうやって、みんなで田植踊を残していこうと言っています。

原発事故のあと、避難してからは、先祖が残したものをつないでいくのはたいへんなんです。田植踊だけではありません。頭を悩ますことが山ほどあります。

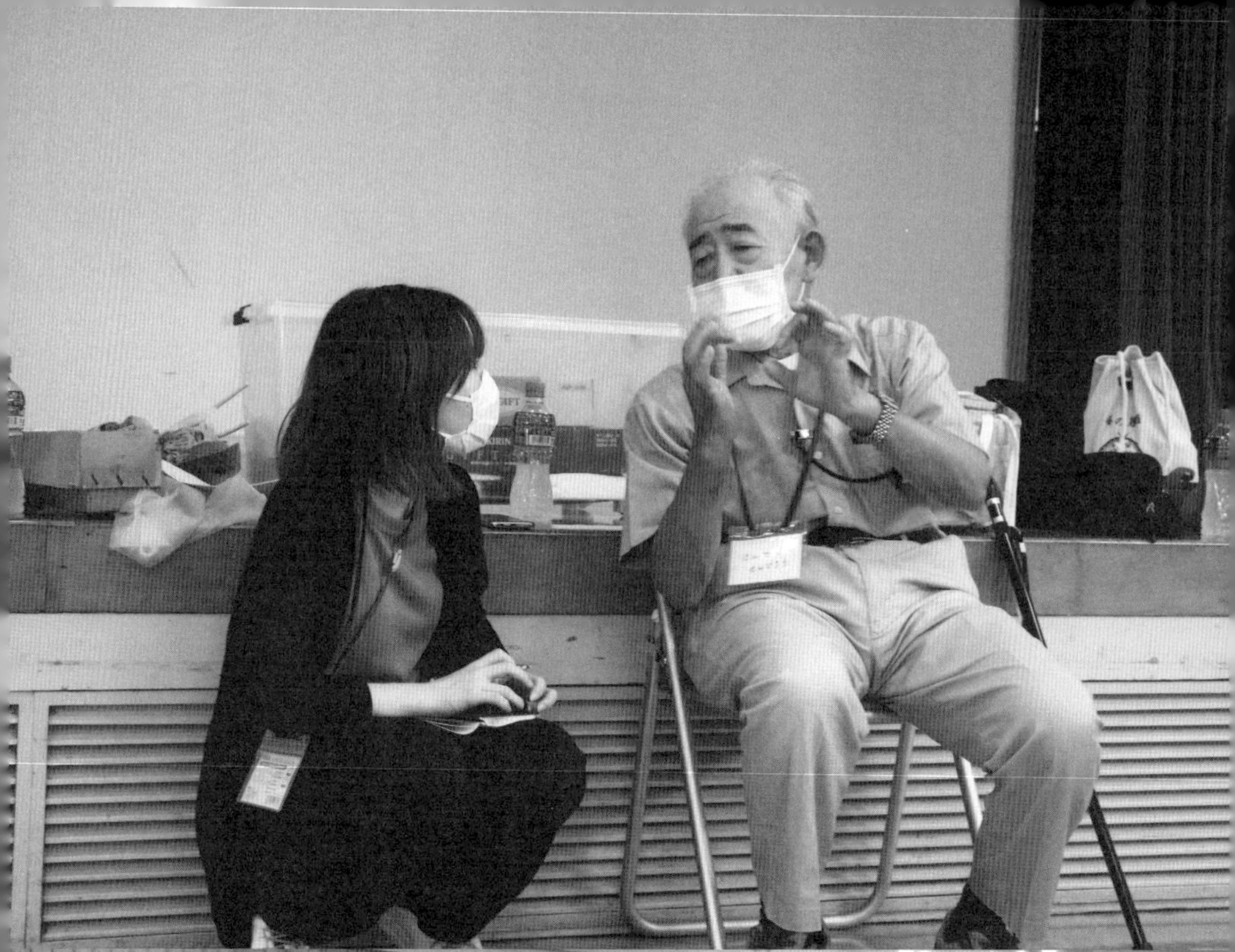

33

我が家は、親父が兵隊から戻ってきて間もなく建てた家でした。あの頃の私は小さかったけど、山から木を切り出して、移動製材機で材をひいていたのを覚えています。震災の三、四年前に、床や戸を交換したばかりでした。雨漏りも何もしていないけれど、いまはケモノの住処《すみか》です。

家だけでなく神様もです。三瓶家の氏神様を二〇二二年に直しました。帰還困難区域で入れないのを、東電とかけ合って、氏子たちで、ようやく直しました。三年かかりました。

神様をぼっこした（壊した）部落もあるけれど、何でもかんでも、「ダメになったから、そんでいいわ」とはなりません。氏子代表をしていることもあって、どうしても気持ちが残ります。毎年十月七日に氏神さまの掃除をして、お祭りをしていましたが、震災になって、何もできないで過ぎました。そうこうしているうちに、朽ちたり、ケモノが入ったり、とても見てられない状況になりました。

賠償もらったから、分けっか、直すか、相談しました。

「氏神様として祀《まつ》っていたものは、壊さないでくんちぇ」

東京にいる人も、「いつか帰る」と。「心の支えだから直してくれ」と。

「壊れちまうとどうにもなんない」

「帰還困難区域でも、いずれは帰られるかも」

「こういうものを残しておきたい」

田植踊の継承に取り組む東北学院大学の学生たち（2022年8月，福島市）
撮影：金子祥之

みんなの気持ちもあって、氏神様を直してはみたけれど、この先、どうなることやら。これからずっと管理ができるかといえば、未定です。子孫が維持してくれるかどうかわかんないけど、心の支えとして残したい。

これが、いまの世代ができる精一杯です。

（二〇二三年四月二十一日）

「ふるさとの祭り2022 in 道の駅なみえ」に出演前の記念撮影（2022年10月，浪江町）
撮影：金子祥之

16 ノーモア・フクシマ、ふるさと津島に届け。

玄関で「土足でどうぞ」と促され、靴のまま家にあがった。夫婦の寝室には、大きく引き伸ばされた結婚式の写真が飾られていた。「雨漏りしてカビてしまっているんですよ」というのは、洗面所からお風呂へ続く廊下の天井。畳の部屋は床が抜けて、タンスが傾いていた。一時帰宅の混乱のなか、持ち出す荷物を探したのだろうか。散乱した荷物の上に、晴れ着に身を包んだ家族の写真が置かれていた。家族の思い出を持って行くべきか、置いて行くべきか、最後まで悩んだに違いない。写真には、いまは亡きおじいちゃんのにこやかな姿もあった。

浪江町津島　三瓶春江《さんぺいはるえ》

（避難し、現在福島市）

冬。私たちのふるさと津島は、美しく真っ白な雪景色。そんな真っ白なところに、キツネなのかタヌキなのか、小さな足跡が山へと続いていたものです。

春は家の前の枝垂《しだ》れ桜が見事に咲きます。国道一一四号線を通る車は、あまりのきれいな枝垂れ桜に車を止め、写真を撮りに降りるほど、見事な桜でした。

夏は家族や親戚、知人まで呼んでバーベキューをします。夜遅くまでカラオケもします。子どもらはスイカ割りや、花火をします。おじいちゃん（義父）は、人を連れてきてお酒飲みするのが好きで、会合があるときには、誰か彼か家に連れて来て酒飲みをします。「わが家は飲み屋か」と思うほど、お客様がいない日はなかった。

畑では、トマト、キュウリ、トウモロコシ（「トーミギ」と呼びました）。甘くておいしい夏野菜が毎日とれ、孫たちは畑から無農薬のキュウリをとって味噌をつけてよく食べていました。孫からねだられ、夜になると車でカブトムシをとりに津島の町を巡ったものです。津島では、カブトムシのメスを「ブタメス」、オニヤンマを

「オオドロ」と呼んでいました。オニヤンマが、テレビの前に飛んできて、「トンボがテレビを見に来たよ」なんて家族みんなで笑ったものです。日本の国蝶であるオオムラサキも飛んできていました。おじいちゃんは、「水がきれいなところにいる蝶々だよ」なんて言っていましたから、それだけ津島の水は素晴らしい山からの恵みの水だったんでしょうね。

秋はやはり新米でしょう。自宅の山からとった丹波栗や豆を入れたおふかし（赤飯や栗を入れた栗ぶかし）を作ります。子どもの頃は母が作るカッキリボタモチ（おはぎです。稲刈りの後に食べるボタモチという意味でしょうか？）が楽しみでした。

実家の両親は戦争で満州に渡り、終戦後、開拓者として津島に入植*しました。生活は厳しく、稲の藁《わら》を選《すぐ》った柔らかいところを入れた藁布団でした。そんな貧しい暮らしでも、おふかしやおはぎを家族で食べられることが嬉しかった。

平凡な一年であっても、四季を感じる幸せな時間でした。

原発事故前、津島の地で生まれた人たちは、大人になり、人生が終わったら津島の自然に帰っていきました。でも、おじいちゃんは違いました。震災後は、入退院を繰り返すことが増え、老いた体で、あまり津島には行けませんでした。行けなかったのは、そればかりではなかったように思います。震災後、誰一人住んでいない津島がだんだん変わってしまう情景は見たくない、自分の愛している、誇りに思っ

＊津島には「津島開拓記念碑」が建立されている。

ている、きれいな津島だけを胸に抱いていたいと思っていたのかもしれません。おじいちゃんは、津島のみんなから信頼され、愛されていました。人から感謝されたときに勲章が貰えていたとしたら、からだじゅう勲章だらけだったと思います。こんなにふるさと津島に貢献した人はいないと思います。私は、人として、おじいちゃんをとても尊敬しています。大きな勲章を付けてあげたいです。しかし、その勲章は心の勲章であり、目には見えません。おじいちゃんの人生の最期に、「こんなにもたくさんの人から感謝されていたんだよ」と、おじいちゃんに心の勲章を感じさせたかった。もし、原発事故がなかったら、津島にいたら、おじいちゃんの具合が悪くなったといえば、たくさんの人が訪ねてきて、感謝の言葉をかけてくれたりしたはずで、おじいちゃんもみんなからの勲章を感じられたかもしれない。そんなおじいちゃんは四年前に亡くなりました。

原発事故から十二年になります。いまの私たちの暮らしは、津島での暮らしとはまったく違っています。自由に土に触れたり、野花を摘んだり、木の実をとったりできる場所はどこにもないのです。孫を連れて散歩をしているときに、道端に咲いている花をとろうとする孫に、「とってはだめだよ。他の家のだからね」と言い聞かせる。津島での暮らしであれば、近所の田畑に入ったり、敷地に入ったりしても、一度も感じたことがなかった気遣い。こんな気遣いをしなければならないいまの生活は、あまりにも苦しすぎる。おなかを抱えるほどの笑いが、この十二年間にあっただろうか。原発事故で避難をしているたくさんの人たちも、同じ思いなのかな。

私たちは、ふるさと津島から離れたくて離れたわけではありません。生涯を津島で終えるはずの住民がほとんどだったはずなのに、それができなくなってしまった。「夢であってほしい」と、何度、思ったか知れません。「なぜ、こんな思いをしなくちゃいけないのかな」、「いつまで、こんな思いが続くのかな」と、毎日、思っています。

原発事故を二度と繰り返してはならない。再び裁判で闘うような被害者をつくってはならない。

私は守りたい、子どもたちの健康と明るい未来を。だから、私はノーモア・フクシマを語り続ける。ふるさと津島を取り戻すまで。

（二〇二三年一月十四日）

避難中に荒れた三瓶春江さんのお宅（2018年6月，浪江町津島）
撮影：関礼子

17 二つめのカレンダー

防げた被害か、防げなかった被害か。原発事故はどちらだろう。日本地震学会の会長を務めた島崎邦彦は『3・11大津波の対策を邪魔した男たち』(二〇二三年)で、想定どおりの地震と津波が起こったのであって、津波に対する福島原発の脆弱さを知りながら、国と東京電力は対策を怠ったと告発した。

あの日まで、チェルノブイリの子どもたちを保養で受け入れてきた人びとは、あの日から、無用な被ばくにさらされた地域の子どもたちの健康を祈る人となり、在りし日の地域を恋焦がれる人となった。

浪江町津島　石井《いしい》ひろみ

（避難し、現在福島市）

二〇二三年、新しい年が明けました。多くの人びとにとっては喜ぶべき新年の始まりです。でも、あれから十二年、私たちはもう一つの暦を数えます。ふるさと津島を追われた二〇一一年が元年の暦を毎年数えるのです。

昭和四十六（一九七一）年、学生時代のアルバイト先で知り合った夫のもとへ、私は横浜から嫁いできました。津島の旧家で、住まいは明治五（一八七二）年築の総二階、一二〇坪の古民家でした。慣れない田舎暮らしと人間関係に、「ノイローゼになりそう、逃げ出したい」と思ったことも最初のうちはありました。でも、廊下の掃き出し窓越しに広がる四季の移ろいに癒され、二十四畳の大広間で舞われる伝統芸能の「田植踊」に大勢が押しかけて床が抜けないかとハラハラし、地域で日常的に行われる行事の数々や、困ったときにＳＯＳを出すまでもなく手を差し伸べてくれる津島固有のコミュニティの中で四十年を経て、いつしか私もどっぷり津島人でした。

幼い頃より転居を繰り返していた私にとって、津島は二度と離れることのない居場所になり、周囲の人たちと変わることなくつながって暮らす、まさに「ふるさと」でした。

そんなふるさとから突然、何の準備も心構えをする間もなく、私たちは放り出されたのです。

津島公民館の館長をしていたときに、公民館教室の子どもたちを連れて、ベラルーシの子どもたちと、いわきの海で交流をしたことがあります。チェルノブイリ原発事故の影響で小児がんを発症していた子どもたちを、いわき市のNPOが転地療養に招いたのでした。津島への帰路、車中で「福島県には十基もの原発があり、万一の場合は私たちもベラルーシの子どもたちと同じ境遇になり得る」と子どもたちに話していたところ、バスガイドの女性に、「館長さん、私は原発の勉強をしているけど、日本の原発は大丈夫だから、子どもたちにそんなことは言わないで」と咎《とが》められました。東電は社外モニターを募り、安全をPRし、国と一緒に安全神話を振りまいていました。

あのとき、「万一の話」をした私でしたが、事故が起こったときに真っ先に頭に浮かんだのは「まさか!?」という言葉でした。「技術立国の日本、律儀で誠実といわれる日本で!?」

私自身も安全神話を信じ、起こるはずがないと思っていたことになります。

原発事故の被害者となって、この事故の経緯を知りたいと思いました。一九七五年、福島で東電の原発事故を危惧して裁判*が始まりました。スリーマイル島原発事故の四年前、チェルノブイリ原発事故より十一年も前のことです。過酷事故に至る経緯が書かれた意見書が、原告から裁判所に提出されていました。しかし、国政の根幹であるはずの、国民の安心安全な生活を守るということは一顧だにされず、意見書どおりの経過を経て原発事故は起こり、被害が拡散したのです。三十六年もの間、国と東電は何をしていたのでしょう。

ふるさとを取り戻し、二度と「原発避難民」と呼ばれる人びとを出さないため、被曝の不安を抱えて生きる子どもたちを出さないためにも、国の責任は明確に断罪されるべきです。

ノーモア・ヒロシマ
ノーモア・ナガサキ
ノーモア・ビキニ
そしてノーモア・フクシマ。

＊福島第二原発原子炉設置許可処分取消請求訴訟。

再び核による被害が起きないように、私たちは訴えていきます。

（二〇二三年一月十六日）

津島原発訴訟原告団（2023年4月，仙台高裁前）
撮影：関礼子

編者あとがき――十二年後の福島から

◉いつか伝えたかった思い

東日本大震災から十二年。福島県の南会津にある檜枝岐村《ひのえまたむら》の『公民館報』に、橘厚子さんの「十二年目のお礼」という記事が載った。


東日本大震災から十二年、昨年の夏「駒の湯」にこんなお客様がいらっしゃいました。

そのお客様は男性の方でお風呂上りに話掛けてこられました。

「私は一度、檜枝岐村に来たいと思っていました。東日本大震災の時、おにぎりの炊き出しをなさいましたよね。」

と聞かれ、「はい、おにぎりを作りお届けいたしました。」と答えました。

お客様は「実はその時、私は警察官で被災地にいておにぎりを頂きました。そのおにぎりが入っていたダンボール箱には、たくさんのメッセージが書かれていて、その言葉に励まされ、とても力づけられました。いつかこの村に行ってお礼を言えたならな……と思っていたので、どうぞおにぎりを作ってくれた方やメッセージを書いてくれた方々に『ありがとう』を伝えてください。」と言っておじぎをされ帰られました。

私はこの十二年ずーっとお礼を言いたいと思い続けてくださった事に驚き、同時に嬉しく思いました。私はおにぎりを作る方だったので、メッセージの事は知りませんでした。後日、教育委員会の方に尋ねたら、梱包に携わった人やその時応援に来てくれた中高生のみなさん（今、二六〜二八歳かな）。あの時あなた達が書いたメッセージ、被災地で働く人達を励まし、元気づけた事、お礼を言いに来てくださった事、この場を借りてご報告させていただきます。

また、このような災害が二度とおこらないことを願うばかりです。

十二年経っても忘れ得ず、伝えられていく思いがある。「このような災害が二度とおこらないことを願う」気持ちを否定する人はいないだろう。

あの日、あの時。テレビで流れる津波の映像に衝撃を受け、大勢の人が東北の人びとを心配した。福島第一原子力発電所が相次いで爆発し、刻々と避難指示の範囲が広がっていくのを、不安と恐怖で見つめた。東京電力の計画停電は、自分たちが使う電気が遠く福島に依存してきたという事実を、首都圏の人びとに改めて知らしめた。ベクレル、シーベルトという、聞き慣れない言葉を日常的に聞くようになった。その後、福島の子どもたちの保養のボランティア活動なども展開されていった。

そうして十二年余が過ぎた。十七通の「福島からの手紙」には、一人ひとりの生活者が、それぞれの場所で、どのような思いを抱いて原発事故後を生きてきたかが語られている。一人ひとりの声に耳を傾けたとき、ただただ、「このような災害を二度と起こしてはならない」と、強く思う。

◉原発事故が手折《たお》った「うつくしま、ふくしま」

「うつくしま、ふくしま」とは、なんと魅力的な響きだろうか。このフレーズが行政用語として使われたのは、一九九四年の『地方分権・うつくしま、ふくしま。宣言』〜福島県地方分権推進ビジョン〜」だった。中央集権から地方分権へ、生産者や効率性を重視した画一的な政策から生産者・消費者重視へ、中央依存体質を脱ぎ捨てて「一つひとつの個性が輝き、確かな多様性をもった地域づくり」へ。

浜通り、中通り、会津の三つの地域に分かれ、それぞれに独自の風土と気質、歴史や文化を持つ福島県は、多様性ある地域の将来像を「うつくしま、ふくしま」として描いていた。だが、中央依存の従属構造を脱しようと試みた「うつくしま、ふくしま」からの地域創生のビジョンは、二〇一一年三月の原発事故によって、手折《たお》られてしまうことになる。

未曾有の原発事故災害に直面し、被災・避難自治体は目の前の対応に追われた。予算も権限も限られ、非常時にあっても柔軟な対応ができないという、災害救助法の問題点も指摘された。『新潟日報』（二〇一一年六月十一日）は、「災害救助法　支援の足かせ／東日本大震災で浮き彫り／被災県が費用を負担／法改正求める動きも」という見出しのもと、被災者支援にかかった費用は被災県に求償し、被災県が最低でもその一割を負担しなくてはならないという制度上の問題が、支援を不自由にすることを指摘した。かつてない大規模災害で弱っている福島県が、全国に避難した県民の支援自治体から来る求償に対応し、費用負担のための財源捻出などに苦慮し、国からの指示・支援に頼らざるを得ない状況であったことは想像に難くない。

避難指示の内と外の設定も、その解除の時期も、自治体の復興計画も、実質的には国が主導し、予算や権限を握っていた。避難指示区域の見直しをしなくては、復旧作業も復興事業も行えない。除染をするには仮置き場を設置しなくてはならない。復興予算の使途は決まっている。国主導による帰還政策や復興政策は、地方分権の「うつくしま、ふくしま」を過去のものとし、中央に依存せざるを得ない構造を強化することになった。

◉想定外が想定される時代に

もちろん、福島原発事故は、福島だけの話ではない。干支《えと》をひと回りして十二年。福島原発事故は、未曾有の災害を経験した日本が、いま、どんな方向を向いているのかを考えるきっかけでもある。

原発事故の翌二〇一二年から約二年間、日本は原発ゼロでエネルギーを賄《まかな》った。東日本大震災以降、日本列島の地震活動の活発化が指摘されるなか、安倍政権下の二〇一四年に原発の再稼働が始まった。南海トラフ巨大地震や千島海溝沿いの巨大地震の発生確率が引き上げられ、首都直下型地震の発生も懸念されているが、「地球温暖化対策」「エネルギー安全保障」「安価な発電コスト」などの主張のもと、原発再稼働は進められてきた。

二〇二二年のロシアのウクライナ侵攻では、ザポリージャ原子力発電所が、攻撃の対象になった。テロや戦争で原発は標的になり得ると警告されてきたが、その警告が現実のものになった。『神奈川新聞』（二〇二二年三月十七日）は、「稼働原発　史上初の攻撃／想定外　国内にも不安」という見出しのもと、送電線や配管が損傷すれば、電源を失った福島第一原発のような事故が起き得ると指摘し、「原発は平和を前提に造られている。武力攻撃にも耐えられる強靭性を求めることは、資金的にも物理的にも不可能だろう」という識者の声を紹介した。原発攻撃の後に、テロ対策が不十分と指摘されていた東京電力柏崎刈羽《かしわざきかりわ》原発の改善計画に問題があると明らかになったが、テロ対策だけで原発の「安全性」が確保できるのかは疑問だろう。

未曾有の大惨事を起こした福島原発事故は「想定外」の出来事で、原発はいまもコストが安く、安全で、未来を拓《ひら》くエネルギー源なのだろうか。事故の責任を負うことになる電力会社とその従業員にとって、誇れる技術なのだろうか。この国は、大きな犠牲を人びとにもたらしてなお、原発に頼り続けなくてはならないのだろうか。

こうした問いを発するのは、二〇二二年六月十七日の最高裁判決が、国には福島原発事故の責任はないと判断したからだ。最高裁は長期評価に基づいて国が東京電力に津波による浸水を防ぐよう規制権限を行使したとしても、浸水は防げず、したがって原発事故は防げなかったから国に責任はないと判示した。安全対策をしてもしなくても事故は防げなかったというのでは、あまりに無責任である。

二〇二三年、岸田政権下で老朽原発の稼働年の延長や新型原子炉の建設を可能にする「GX（グリーントランスフォーメーション）脱炭素電源法」が成立し、原発回帰の動きがますます活発になってきている。想定外が想定される時代に、原発を推進している国には安全性に対する責任がないというのでは、はなはだ心もとない。

*

この冊子は、主に、原発事故で帰還困難区域となった浪江町津島の石井ひろみさん、三瓶春江さんの、「このような原発事故災害は二度と起こさせない」という呼びかけに応えてくださった方々の「手紙」

を収録している。石井さんは原稿全体に目を通し、「編集委員」として活躍してくれた。今野千代さんは、須藤カノさんと原稿を読み合わせながら、須藤さんの原稿作成に協力してくれた。写真を寄せてくださった東北学院大学の金子祥之先生と金子ゼミ関係者の今野百合子さん、そして楢葉町、浪江町、飯舘村を一緒に歩いてくださった新泉社の安喜健人さん。記して感謝したい。

二〇二三年七月

関　礼子

参考文献

飯舘村（二〇〇四）『飯舘村第五次総合振興計画　大いなる田舎　までいライフ・いいたて』飯舘村

浦上健司・糸長浩司（二〇〇七）「木質バイオマスエネルギーの地産地消を通じた持続可能な農村地域づくりの展望――飯舘村の地産地消計画を事例として」、『農村計画学会誌』二六（三）、一五三―一五八頁

島崎邦彦（二〇二三）『3・11大津波の対策を邪魔した男たち』青志社

関礼子（一九九八）「環境危機への技術的対応――水銀をめぐる技術転換・北海道イトムカ鉱業所の試み」、『技術と人間』二七（二）、一一―二五頁

関礼子編（二〇一五）『〝生きる〟時間のパラダイム――被災現地から描く原発事故後の世界』日本評論社

関礼子・原口弥生編（二〇二三）『シリーズ 環境社会学講座 3　福島原発事故は人びとに何をもたらしたのか――不可視化される被害、再生産される加害構造』新泉社

ソルニット、レベッカ（二〇一〇）『災害ユートピア――なぜそのとき特別な共同体が立ち上がるのか』高月園子訳、亜紀書房

橘厚子（二〇二三）「十二年目のお礼」、『檜枝岐村公民館報　檜枝岐』二四〇、一一頁

寺山修司（一九七三）『日本の詩集19　寺山修司詩集』角川書店

徳永俊介（二〇一八）「立法情報　ロシア　チェルノブイリ原発事故被害者の社会的支援に関する法改正」、『外国の立法』二七七（一）、二〇―二一頁

二本松市（二〇一一）「二本松市復興計画基本方針【二本松市復興ビジョン】」二本松市

農林水産省「『和食』がユネスコ無形文化遺産に登録されています」（https://www.maff.go.jp/j/keikaku/syokubunka/ich/）［最終閲覧日：二〇二三年七月八日］

福島県（一九九四）「『地方分権・うつくしま、ふくしま。宣言』～福島県地方分権推進ビジョン～」（https://www.pref.fukushima.lg.jp/uploaded/attachment/12834.pdf）［最終閲覧日：二〇二三年七月八日］

本間龍（二〇一六）『原発プロパガンダ』岩波新書
松井健（二〇〇四）「マイナー・サブシステンスと日常生活」、大塚柳太郎・篠原徹・松井健編『島の生活世界と開発１　生活世界からみる新たな人間―環境系』東京大学出版会
柳田国男（一九六七）『明治大正史　世相篇』平凡社、東洋文庫

『朝日新聞』二〇一一年三月二十五日「（オピニオン）３・11　桜井勝延さん、吉岡斉さん、澤昭裕さん」
『神奈川新聞』二〇二二年三月十七日「稼働原発　史上初の攻撃　想定外　国内にも不安」
『新潟日報』二〇一一年六月十一日「災害救助法　支援の足かせ　東日本大震災で浮き彫り　被災県が費用を負担　法改正求める動きも」
『福島民報』二〇二一年六月十日「証言あの時・番外編　故馬場有浪江町長　避難判断に後悔」

編者紹介

関 礼子（せき・れいこ）

立教大学社会学部教授．専門は環境社会学，地域環境論．

主な著作等：『シリーズ 環境社会学講座 3　福島原発事故は人びとに何をもたらしたのか——不可視化される被害，再生産される加害構造』（共編著，新泉社，2023年），「自然と生活を軽視する論理に抗う——新潟水俣病にみる公害被害の現在」（『シリーズ 環境社会学講座 1　なぜ公害は続くのか——潜在・散在・長期化する被害』新泉社，2023年），『多層性とダイナミズム——沖縄・石垣島の社会学』（共編著，東信堂，2018年），『阿賀の記憶，阿賀からの語り——語り部たちの新潟水俣病』（編著，新泉社，2016年），『“生きる”時間のパラダイム——被災現地から描く原発事故後の世界』（編著，日本評論社，2015年），『鳥栖のつむぎ——もうひとつの震災ユートピア』（共編著，新泉社，2014年），『新潟水俣病をめぐる制度・表象・地域』（東信堂，2003年）など．

福島からの手紙——十二年後の原発災害

2023年8月31日　初版第1刷発行©

編　者＝関 礼子

発行所＝株式会社 新 泉 社

〒113-0034　東京都文京区湯島1−2−5　聖堂前ビル

TEL 03(5296)9620　FAX 03(5296)9621

印刷・製本　萩原印刷

ISBN978-4-7877-2309-3　C0036　Printed in Japan

関 礼子・原口弥生 編

シリーズ 環境社会学講座 3

福島原発事故は人びとに何をもたらしたのか

不可視化される被害，再生産される加害構造

「復興」と「再生」のなかで増幅され埋もれていく被害――.

原発事故がもたらした大きな分断と喪失.
事故に至る加害構造が事故後に再生産される状況のなかで，
被害を封じ込め，不可視化させようとする力は，
人びとから何を剝奪し，被害の増幅をもたらしたのか.
複雑で多面的な被害を生き抜いてきた人びとの姿を見つめる.

◉目次

四六判・296頁・定価2500円＋税
ISBN978-4-7877-2303-1

高倉浩樹・山口 睦 編

震災後の地域文化と被災者の民俗誌

フィールド災害人文学の構築

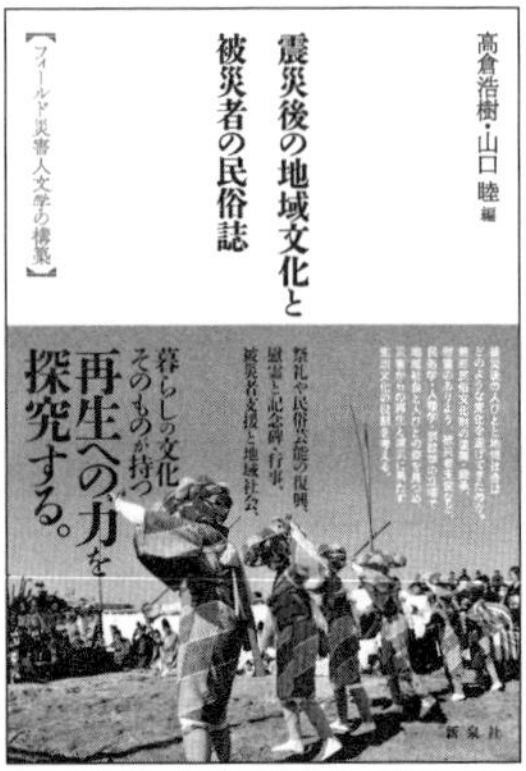

祭礼や民俗芸能の復興，
慰霊と記念碑・行事，
被災者支援と地域社会…….
暮らしの文化そのものが持つ再生への力を探究する.

被災後の人びとと地域社会はどのような変化を遂げてきたのか.
無形民俗文化財の復興・継承，慰霊のありよう，被災者支援など，
民俗学・人類学・宗教学の立場で地域社会と人びとの姿を見つめ，
災害からの再生と減災に果たす生活文化の役割を考える.

A5判・288頁・定価2500円＋税
ISBN978-4-7877-1801-3

高倉浩樹・滝澤克彦 編

無形民俗文化財が被災するということ

東日本大震災と宮城県沿岸部地域社会の民俗誌

形のない文化財が被災するとはどのような事態であり，
その復興とは何を意味するのだろうか.

震災前からの祭礼，民俗芸能などの
伝統行事と生業の歴史を踏まえ，
甚大な震災被害をこうむった
それぞれの沿岸部地域社会における
無形民俗文化財のありようを記録・分析し，
その社会的意義を考察する.

A5判・320頁・定価2500円＋税
ISBN978-4-7877-1320-9

李善姫・高倉浩樹 編

災害〈後〉を生きる

慰霊と回復の災害人文学

未曾有の大震災から10余年.
大きな喪失感を抱えた人びとと共同体は,
災害の記憶をどのようにとらえ,
慰霊と回復に向き合ってきたのか.

国内外の人類学,民俗学,宗教学,社会学などの研究者が,
長年にわたるフィールドワークをもとに,
被災地と人びとの「再生」に向けた歩みを見つめる.

A5判・280頁・定価2700円+税
ISBN978-4-7877-2208-9

とうしんろく(東北大学震災体験記録プロジェクト)編
高倉浩樹・木村敏明 監修

聞き書き 震災体験

東北大学 90人が語る3.11

学生,留学生,教員,研究員,職員,
大学生協,取引業者,訪問者…….

私たちの隣で,今は一見平穏な日常生活を送っている人たちは,
東日本大震災にどのように遭遇し,
その後の日々を過ごしたのだろうか.
一人ひとりの声に耳を傾け,聞き書きを続けていくなかで,
はじめて知ることのできた隣人たちの多様な震災体験の記憶.

A5判・336頁・定価2000円+税
ISBN978-4-7877-1200-4

是恒さくら・高倉浩樹 編

災害ドキュメンタリー映画の扉

東日本大震災の記憶と記録の共有をめぐって

未来との対話としての「震災映像アーカイブ」.

東日本大震災の被災地において，
ドキュメンタリー映画の撮影・制作・上映は
どのように行われてきたのか——.

映画が生み出す対話の力を制作者たちと考える，
異色のドキュメンタリー映画論.

A５判・272頁・定価2500円＋税
ISBN978-4-7877-2001-6

NR出版会 編

書店員の仕事

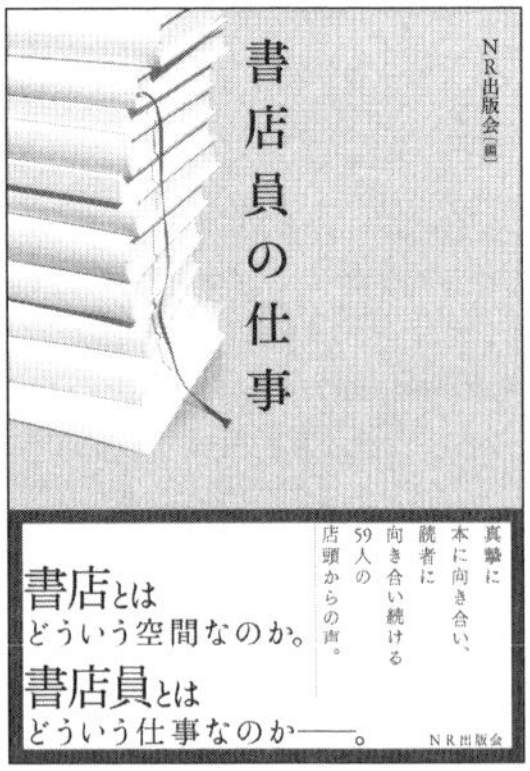

書店とはどういう空間なのか．書店員とはどういう仕事なのか．
真摯に本に向き合い，読者に向き合う59人の店頭からの声．

第Ⅳ部「東日本大震災特別篇」は福島を中心に，
震災・原発事故発生直後から6年近くにわたる
被災各地の書店員の生の声を収録．
地震・津波被害の上に覆い被さるように襲いかかった
未曾有の原発災害による困難のなかを，
福島の書店員はどのような思いで日々の業務に向かったのか．
書店が映し出してきた福島の人びとの姿の貴重な証言集．

四六判上製・320頁・定価1900円＋税
ISBN978-4-7877-1700-9